或許，你該勇於讓人失望

學習課題分離，卸下歉疚感，做個體貼但有原則的人

The
Curse of Lovely

How to Break Free from the Demands of Others and Learn How to Say No

賈姬・瑪森 Jacqui Marson 著　　劉凡恩 譯

目錄

好評推薦

「充滿洞見、勇氣和幽默感——自助叢書精采的生力軍！《或許，你該勇於讓人失望》不故作姿態，豐富深刻的個案研究，引領讀者從寬容的自我覺醒邁向深刻的改變。我發現這本書就像一場親密的諮詢，讓你學到如何卸下及挑戰體貼者的詛咒。我深信它將成爲我們這些很難說『不』的人的歸依。」

——F・傑・麥克萊倫（F. Jay McClellan）

理科碩士，心理學博士

「透過《或許，你該勇於讓人失望》，賈姬・瑪森帶你踏上旅程——一趟感性寬容的自我發現之旅。它以無邊迷人、不帶批判的風格，答覆了什麼、如何及爲何，然後又技巧性地帶你理解如何改變你最痛苦的面向。

個案研究的成長發展加上眞實的生活經驗，讓此書的可讀性和參考性非常高。賈姬幽默、甚至自我嘲弄地帶你了解自我和自己的行爲表現，脫離批判性的『內在聲音』。就像是眞實的優秀諮商師，賈姬領著你邁向改變，直到你徹底卸下你的『詛咒』。

我喜愛這本書，不僅是因爲我從賈姬的觀察中看到太多的眞相，也因同爲諮商心理師，我本能地知道此書將協助許多人把自身的詛咒重置爲終能掌控且引以爲傲的禮物。

當你懷疑自己身處這項詛咒之下，買下這本書；當你覺得你認識的人也受著體貼者的詛咒，買下這本書——它將是一份能源源賦予的好禮。」

——琵亞・辛哈（**Pia Sinha**）

特許輔導心理學家暨 HM 監獄管理部門（HM Prison Service）副總監

「對於苦苦想要捍衛自己的人，《或許，你該勇於讓人失望》是深具啓發、充滿力量的指南，帶你邁向正面的改變。讀了它，你將不再受他人期待之重的詛咒！步向眞實的自己，以瑪森作你溫暖、智慧的同伴。有她那些充滿創意的實際協助，你必能憑自己的努力獲得成功。」

——華爾・桑普森（Val Sampson）

訓練師及伴侶諮商師

著有《神魂顛倒性藝術》（*The Art of Mind-blowing Sex*）

與人合著《關於乳癌》（*The Breast Cancer Book*）

「討好型的人——讀過此書，你將從你的謬誤中破繭而出！這是讓討好型的人獲得釋放的首部眞實指南，創新、實用，並且教你如何以眞誠取代良善。」

——奧利佛・詹姆斯（Oliver James）

臨床心理學家、作家和廣播節目主持人

謹此紀念鼓勵我執筆的親愛表姊——

黛比・瑪森（Debbie Marson, 1957-2009）

【前言】

何謂體貼者的詛咒？

在我剛滿四十五歲不久發生了一件事，讓我明白自己正飽受「體貼者的詛咒」之苦，並意識到我若不設法加以打破，日後的下場恐怕會很慘。

那時我表姊的女兒舉辦三十歲生日派對，我和先生盡責地依約出席。雖然到那間教堂開車要兩個小時，但我決心前往，一來我喜歡這些親戚，而且我很愛跳穀倉舞，那正是這場派對的重頭戲。當天晚上十一點左右，滴酒未沾的我，熱烈地飛身（這是術語）進舞池的兩排人馬中，卻在隊伍尾巴摔了個狗吃屎。我無法形容我倒地時的巨響——也許是砰的一聲，甚至像是爆破聲，總之聲音大到讓兩排舞者倒抽一口氣，紛紛出言關切：「你沒事吧？」我當然立即跳起來站好，歡快地顫聲說：「我很好，沒事，大家繼續！」

儘管那一跤讓我有點想吐，我仍連跳了三支舞，之後又負責開車回家，因爲回程輪到我當駕駛。我的手臂抽搐，每次換檔都發痛，但我想說早上就會好轉。隔天醒來時，手臂變得僵硬疼痛，我仍沒打算看醫生，因爲我不想浪費辛勞的急診人員的時間，再說，我從小就學會別小題大作。

當時正值學校放假，接下來的十天我按照計畫帶孩子們從事各種活動，包括開了三百二十公里的車去薩默塞特郡找朋友，一起到湖上划船。我告訴朋友，我的手臂疼痛，而且嚴重瘀青，她便勸我不要輪替划槳，而基於某種發神經、「體貼」的原因，我堅持一定要公平，於是有了那張我認爲很經典的照片，充分捕捉到了我的舉止和信念背後的瘋狂。如果圖片附上說明，那會是：賈姬以斷臂划船（並微笑依然）。

等我終於來到當地的急診部門，醫護人員並未責怪我浪費他們的時間，反倒對於有人這樣忽視身體訊息眞心感到不解。「這發生在十天前？」他們反覆問我，不可置信地搖頭。（順便讓你知道，我不是骨頭刺出來的那種折斷。不過雖不到那個程度，但我的肘關節橈骨碎裂了。）

醫護人員爲我綁上亮眼的藍色吊帶，所以我有權不使用這隻手，這也讓全世界都看得出我確實受傷了，而不是（違規地）小題大作或裝病。現在我可以理直氣壯地提出要求，這在以前根本是不可能的事。如今我這漂亮的吊帶告訴人們：這名女子手臂骨折，幫幫她！

我的繼女，也是我在家的同盟（她本身也很理解體貼者的詛咒是怎麼回事），傳來一則簡訊：「離火柱遠些，聖女貞德。」我覺得那眞是非常好笑，並且一語道破。基本上我領悟到，假如我老想當個烈士，始終把他人的需求擺在自己的需求前面，下次碰到的麻煩就不只是斷臂了。

那天我聯繫上一位十年來一直想合作的諮商師，展開打破這項詛咒之路（也種下此書的緣起）。我從自己的經歷中學到許多，也從我在倫敦診間的諮商個案們身上學到很多，他們有不少人慷慨允許我在這裡分享他們的故事。這麼多人讓我進入他們的生活與掙扎，我深感榮幸。

這本書爲誰而作？

關於打破體貼者的詛咒，人們最常問我的三個問題是：

1. 那只屬於迷人、有吸引力的人嗎？（而那種人有什麼好煩心的呢？）

2. 我們當然不希望人們變得沒那麼善良吧？

3. 那純粹是女性的問題嗎？

首先，我所謂的「體貼」，與外表無關；它不是指長得好看、美麗或英俊，而是個性貼心、善體人意，人們常將這類舉止形容爲體貼，好比：「啊，他／她眞是個體貼的人呀！」

至於第二個問題，這本書並非針對那些可能該學著更加善良的人，而是針對那些自發性反應永遠是體貼別人（仁慈、關懷、取悅等），而且體貼到對自己造成問題的人。如果你發現你的言行及思考幾乎只有「善良」一途並爲此感到困擾，這本書就很適合你。

接下來回答問題三。不，這個問題並非只限於女性。你大概也認識至少一位人們口中「體貼善良」的男性，而我的直覺是，這對他們造成的困擾跟體貼善良的女性是一樣的。

在我從事特許輔導心理師的十五年當中，我看過太多男女以爲必須展現旁人認可的言行才會被接納和喜愛，導致他們的生活、情感、工作、健康都充滿了陰影。他們可能有以下這些舉止：永遠彬彬有禮，善良溫厚，熱心助人，迷人風趣，讓他人感到自信，不令人失望，從不說「不」，避免衝突，別人的需求總在自己的需求之上。

我將此命名爲「體貼者的詛咒」，因爲那其實是個悖論：大多數人都想當個體貼、善解人意的人，但對這些人來說，這卻有如一出生就遭到巫婆下咒。旁人的期待使他們感到困擾和窒息，卻覺得無法改變。體貼的人以爲表達自身需求就會遭受排斥及受到冷淡，於是他們壓抑許多重要部分，包括憤怒、厭惡等情緒，結果卻讓這些情緒堵在內心裡悶燒。旁人對此一無所悉，因爲體貼的人總是面帶微笑、和藹可親，等到某天他們忽然炸鍋了，便會嚇壞眾人。此時體貼的人覺得不被認可，再度加重自己那種不應對人發怒的不健康觀念，於是循環（即「詛咒」）便一直延續下去。

這本書將會提出一些方法，讓你慢慢開始打破這項詛咒，掙脫旁人期待的緊箍，擁有更完整充實的人生。

如何運用此書

我一再看到從微小處做起最爲有效，因爲成功是很棒的自我強化體驗，能鼓勵我們繼續前進，但也請依你個人的狀況使用這本書。有人跟我開玩笑說，她作爲一名追求完美的高成就者，將直接跳到第九章嘗試進階版的行爲實驗。

假如你想這麼做，當然沒問題，不過我仍會建議你讀完全書，看看有哪些地方與你呼應。如果有人產生新的想法或嘗試不同做法，我會非常開心，因爲我知道自己就是這樣從一些自助好書中受益，而且我會不時複習，並屢屢得到新的洞見、想法或資源。

閱讀此書時，隨手記下你想到的好點子、想法和洞見，也會很有幫助。當然，如果你不喜歡這個主意，那就別做！

碰到書中的某些議題時，你也可能會想跟可靠的朋友及親人深聊，或找諮商師進一步探討。

祝你好運。記住，這不是奧運花式滑冰比賽，沒人會爲你評分。以寬厚的好奇看待這段經歷，願你甚至能享受些許輕鬆歡樂。

1

體貼者的日常樣貌

我們且來看看一位體貼的人可能如何過這一天，讓你評估自己是否能夠認同。

這名體貼的人早晨醒來，理想上會希望能泡個茶，聽個廣播，潔身沐浴著好裝，吃完早餐，然後出門上班或辦事。在幻想的國度中，他們還夢想能悠然品賞這些事：也許用美麗的茶壺砌上心愛的茶葉，享受香氛泡泡浴，仔細挑選讓自己開心自信的衣裝，找一雙能完美搭配衣服同時又很舒適的鞋子……。但是，一個小人兒（或者並不小）正在大叫：「我那件藍色套頭衣呢？」另一個小孩想知道冰箱裡怎麼沒有牛奶、某個阿姨剛剛來電要求他／她找時間去探望外婆：「她就自己一個人，好可憐哪！」某個朋友傳簡訊說必須談談，因爲她男友已經二十四小時沒回她電話了。

醒來沒幾分鐘，不僅幻想中的情境顯得如此可笑，這位體貼的人甚且已壓下自己最起碼的需求，以便好好照料他人。隨便一個早晨，他們多半空腹出門、鞋子擠痛了腳、頭上沾著乾掉的洗髮精。這位體貼的人飢餓心煩、有點邋遢，卻自我安慰說自己已照顧到每個人、讓他們開心——某人可能有的壞心情由你撫平了，家裡不再出現叫囂或臭臉了。在更深入（也許不自覺）的情感層面，體貼的人感到心安，覺得仍會被愛，因爲他們已經把所有人都照顧妥當；也可能，他們覺得自己不會陷入麻煩，因爲他們沒令任何人失望。

該是慢慢改變的時候了

當然，我們不會都是同一種體貼的人。各色體貼、善解人意的人在不同情境下有各種演繹，而雷同處在於：我們常被他人的期望壓得喘不過氣，卻完全不知道有其他的表現方式。實際上，光是想到要做那些事，譬如回絕某個要求，往往就令體貼者悚然。我們製造出期待，而後在某個時間點感到窒息，導致製造這些期待的種種技能往往傷及我們自身，因此我們必須加以改變。

茵迪拉（你會在第五章再度遇見她）敘說她的家人如何視她為「不打烊」的資源，他們認為她應該放下手邊的一切，趕去出租房產那裡讓水電工進去修繕；幫忙掛號牙醫；家鄉親友來訪時要負責鋪床、準備早餐並秀出光耀門楣的事蹟。身為唯一一個未出嫁的女兒，茵迪拉駭然預見自己得看護至少一位老病雙親，又對自己有這些念頭感到「不孝、不知感恩」，而沒有多餘的時間和力氣去遇見能救她脫離這番命運的男子更令她深感絕望。

你將在此書看到其他個案的故事，它們都在在顯示沒有一蹴可幾的簡單答案。我們的思考、情感和行為模式一直伴隨著我們，成效也多半不錯——直到不再如此的一刻，或可說是從朋友變成我們敵人的一刻。

改變的方法是，採取微小可行的步驟，一次只改變那麼一點點，並且深知這是我們爲自己嘗試的、勇敢而令人畏懼之舉。茵迪拉採行的實驗所奉行的意念是，她不再是二十四小時營業的便利超商，而是會在一定時間打烊的商店，譬如營業時間是上午八點至晚上十一點。儘管這樣的營業時間似乎仍很長，但若瞬間改成朝九晚五，對茵迪拉和她的親友來說都會太過劇烈。

就像家庭治療師暨作家海瑞亞・勒納（Harriet Lerner）說的，當你想一下子改變太多，周遭親友將透過舉止對你吶喊：「變回來！」而這將會造成自我挫敗。

體貼者詛咒的運作原理

我們來回顧一下我手臂骨折的情節（見前言），看那件事怎樣說明了這種詛咒的發揮——它通常是怎麼開始的，以及怎麼影響一個人的一生。

基本上我們都謹遵著層層戒律，我們稱之爲「個人守則」或「生存法則」。生活中的各個角色，教會我們各種原則並不斷予以強化。這些角色從父母親人、到師長、照護者，及長後則有上司和行政機關，像是警察與政府。有些教條明訂於法律中，若違背自有罰則。我們小時候被灌輸像是「別玩火柴」或「過馬路要先看清楚左右兩邊」，以保障我們的安全。比較弔詭的則往往藏在我們的潛意識當中。父母或照護者在我們年幼時種下的這些規矩，威力強大，而我們卻鮮少將之坦露於陽光下（也就是目前的成人現實）加以檢視，看我們是否依然遵守如初。簡單說，就是去檢視那些法則對現在的我們及我們希望的生活方式是否仍舊有用。若仔細探究，我們或許會發現，其中一些（或很多）守則卡在絕對有或無的二分模式中，完全沒有彈性可言，變成了認知行爲治療之父亞倫・貝克（Aaron Beck）口中的「僵化的個人守則」。當你說出「應該」、「必須」、「老是」、「從不」這類詞語，就可發現「僵化的個人守則」（我們將在第五章深入探討）。我在這本書裡都以引號標註它，好讓你容易注意到。

所以在那則骨折的故事中，我那個「絕不小題大作」的守則，實際上正是「僵化的個人守則」。它的威力如此巨大（儘管它半藏在我的潛意識裡），以致我能忽視身體傳來的劇痛訊息，拚命地安撫眾人（「我很好，我沒事！」），臉上掛著微笑，舞照跳，撐上十天沒就醫，甚至還去划船。

這條守則無疑是根植於童年：當幼童受傷嚎啕大哭，媽媽可能會說：「喔，別小題大作」（不苟同），或相對地，見孩子聳聳肩並繼續活動，便稱讚他們是「好棒的勇士」（認同）。就像心理學家巴夫洛夫（Pavlov）那些聽到象徵食物的鈴聲便「被制約」而流口水的狗兒，小小孩也很容易就受到制約，持續去做受到肯定（讚美、認可、給金星）的行爲，並停止被批判、否定、懲罰的行徑。近十年，科學研究廣泛談論（從英國電視影集《超級保姆》到普遍的父母技能訓練和書籍），要家長、老師和照護者鼓勵孩童值得肯定的行爲，並忽略反面的舉動。而在我那個年代（當今許多文化亦然），孩童常因某些被視爲不當的舉措而受到嘲弄、羞辱或處罰。

打破內化的守則

我並不是在指責我的父母或任何家長。他們往往也是這樣被帶大的，並且努力用他們認爲最好的方式教孩子，讓這些有意無意中學到的守則傳承下去。

不同的家族體系各有其「看重」的行爲與特質，意味著在某些觀點中（那可能可回溯到好幾代），某些性格和舉措就是特別的好。

就我家而言，我想應該可以說是格外看重「強悍」。以程度來說，自幼愛馬的我表現最棒的一次應該算是我六歲時，在一大片新收割的稻草田裡被一匹活潑的小馬甩下背。我的一隻腳卡在馬鐙裡，就這樣被拖行了十分鐘，背部被新割的稻莖刮破淌著血。我不記得自己有沒有哭（我想一定有），但所有人記得的是，我又坐回馬背上重新馳騁，儘管當時我一定飽受驚嚇。家裡的人談及這則有著「英雄事蹟」味道的傳奇時，自有一股嗅得出的肯定。可想而知，我把這點內化為我要發揚光大的美德（同時也試著壓下在這種時候可能會哭出來的「軟弱」小女孩）。

這裡有個重要觀念是：在檢視這些內化的守則造成的負面影響時，我們也不妨後退一步，看看能從中得到什麼。所以一方面我可以說：「看看這可憐的小女孩從小被教成無論如何得超越肉體痛苦，堅持勇敢」，而另一方面，我必須承認，早期我當戰地記者時，很大部分恐怕得力於這個磨練。我能夠承受極端的沙漠酷熱、攝氏零度以下的北極氣候、不吃不喝、攜帶重裝備、躲子彈，面對這些，我都不曾叫苦。我總是笑臉迎人、活力充沛，照料周遭每個人，開口說笑，讓大家感到開心愉快。當我們體貼仁慈、不斷付出，似乎受到所有人的喜愛，必須了解那是我們的行爲所致。而當代價變得太高（自己筋疲力盡、厭恨、壓抑的怒火、自己欠缺照顧），我們就要準備在某個程度上放掉往日那些收穫。

當然，說比做簡單。我們得先從新的作爲來產生信心，才有餘力去考慮放掉某些舊有的安全途徑——即便我們已瞭然它們造成的代價。

爲人父母，似乎又加重了我們想當體貼者的傾向，但其實我們自己並無法承受。當代對完美父母（尤其是媽媽）的理想化，表彰慈愛、無私、付出、養育、他人先於自我的這類品質，恰足以建構（遲早）被詛咒的感受。許多女性並不認爲自己的體貼、善解人意是個詛咒，直到育兒多年忽然發現，自己向來充滿愛且毫無保留的付出，竟被大家視爲理所當然並被期待應該繼續下去。

實例分享

蘇西：疲於奔命的全職媽媽

蘇西有四個孩子，年紀從五歲到十三歲。蘇西八歲時，父親去世了，母親為了養活六個孩子，日以繼夜打三份工。她無力呵護子女，孩子們很小就得學著照顧自己。蘇西很敬佩母親的勤奮、毅力和犧牲，但她希望能把自己沒得到的母愛傾倒給自己的孩子，因此選擇當全職媽媽。不用說，這也是一份亟需勤奮、毅力與犧牲的工作，只不過它很少受到相對的認可。以下是蘇西人生的某一日。它有點極端，但在許多方面可謂典型。

蘇西早上六點起床，先去遛狗、做早餐、裝便當、送小孩上學，再趕去參加學校募款大會。結束時手機響起，房屋仲介提醒她，三天後房客要搬進她媽媽的公寓，她是不是已經幫房客買好衣櫥了？一股罪惡感及羞恥感襲來，她抓起外套和車鑰匙疾駛去宜家家居，推著沉重的組裝衣櫥，加入收銀台前緩慢前進的人龍。當她尋思著要怎麼搬運這麼重的東西、哪兒找出時間來組裝時，手機再度響起。這次是她約好共進午餐的兩個好友。這個約會是幾個月前就訂好的，因為朋友們都住在外地，而這天是忙碌的三人唯一排得出的時間。「我沒有忘，前一天我才看著日誌想說好盼望見到她們。但當天在應付仲介帶來的忙亂中，我完全沒有想到這個約。」她後來在諮商時告訴我。

時間分秒過去，蘇西努力想做好每件事、取悅所有人，痛苦的感覺也不斷加深。午餐約會她遲了一小時趕去，她試著擠進擁擠的停車位，倒車時撞到一輛停好的計程車。這個超出預計日程表的可怕一日還沒完，蘇西繼續東奔西跑，趕去接孩子、送孩子的同學、泡茶、料理家務，直到她終於強迫自己上床時，發現自己渾身顫抖並嘔吐，她意識到這可能是驚嚇和疲憊的延遲反應。「那都是我自己的錯，」她說，接著又懊悔地笑道：「我早該說『不』的。」

「你覺得是哪些『僵化的個人守則』導致你做出這些選擇？」

我同情地問她，因為我認識太多女性也是如此。而若我們嚴厲地批判自己，則又會造成另一層破壞性的自我削弱與鞭笞。

蘇西認為她的一項主要守則是「我必須要遵照權威角色的指示」，而那是來自童年時期，負荷過度的母親用軍事手段治家，誰不聽話就會很慘。蘇西也點出另一個很典型的體貼者守則：「我一定要幫助他人，但不能向人求助。」

我常對自己和個案這麼說：「想想你喜歡且佩服的某人，自問他們若面對相同處境會怎麼做？」

蘇西有位澳洲朋友凱特，非常直率果敢。「凱特會怎麼做？」我問。

她笑了：「她會叫仲介別煩她，她自己會另找時間處理，然後自顧自地去享受聚餐。她還可能會聯絡某位家長，請他們順便接她的小孩，這樣她就能跟朋友多聚一下，不用趕著離開。她甚至還會點杯葡萄酒呢！」

從學會說「不」開始

就茵迪拉和蘇西來說，因他人的需求和期待而感到受迫，最簡單的解決方法似乎是學著更常說「不」。朋友也好，批判者也好，都是這麼告訴我們的。我們太熟悉這個建議了，以致將它內化成我所謂的「自我鞭笞的『應該』」（第五章將更深入探討）。針對蘇西那樣懊悔地笑說「我早該說『不』的」，「那你怎麼想？」諮詢時我問她：「你臉上的表情意味著什麼？」

蘇西幾乎說不出話，最後才小小聲地說：「我想我很慚愧沒有爲自己發聲。我製造了一齣鬧劇，但我有眞心思考爲什麼我無法說『不』？我是個聰明的女性，甚至上過自我肯定課程，所以我懂這理論，我還角色扮演練習過那些技巧……我應當辦得到的，但偏偏我還是不行，那讓我整個覺得很挫敗……」話聲漸落，她神色悲戚，望著地板。

我們之後會再看到蘇西的進展。至於現在，這個例子有助於描繪出光是學到技巧，恐怕不足以幫助多數能與體貼者詛咒有共鳴的讀者。我們也得探究與行爲交織的感受和思維，這很重要。一個簡單的理解途徑是看左頁的圖形，那顯示我們的思維、感受與行爲乃是彼此牽連、環環相扣的，因此理論上，我們可經由改變三角的任何一點來改變我們的模式。

多年下來我理解到，對陷入某種模式而想加以改變的個案們來說，這個三角並沒有所謂的最佳起點。就我來看，諮商是一種合作的過程，個案最清楚他們自己的人生，諮商師則是注入技巧、經驗及不同的視角。有人喜歡馬上做出改變，有人喜歡先回望

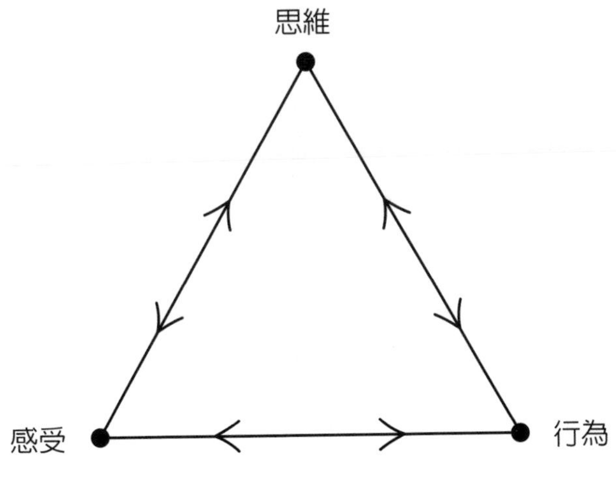

過去，找出形塑今日特定模式的根源。最重要的，這絕不是直截了當的線性過程，個案在探索、理解、改變的旅程中將不斷往返，交織對舊思維的體認和質疑，同時學習並嘗試新的技巧與行事方式。

摘要

這一章介紹了這個觀念：你毋須因別人總期待你有貼心之舉而陷入窘境。你能掙脫這種模式。

- 專心從微小可行的改變做起。
- 想想你的思維、感受與行爲如何彼此交織（見第37頁的圖）。
- 在改變之旅上，對自己懷抱同情，在向前邁進之時也容許自己倒退。

2

一切的源頭：貼心小孩的養成

不管寵你的祖母是怎麼對你說的，沒有人天生就是貼心、善解人意的。或許你很早就會微笑，是個平靜知足的寶寶，大大的褐色眼珠、長長的黑色睫毛加上濃密的頭髮，讓經過你嬰兒車的人總要輕聲逗你。但我們這裡談的體貼、貼心，並非存在於你基因裡的身體特質。

體貼者詛咒是對你形成困擾的舉止和信念，而你希望加以改變。好消息是，舉止和信念是學習而來的，所以你能加以拋棄，或者更精確地說，以對你的健康、幸福、快樂更有益、更省力的方式，重新學習。

小孩的複雜世界

對於自己是誰、該如何應對進退，我們多數根深柢固的信念是來自童年。那時理性思考的能力往往還沒發展好，因此我們常會相信別人告訴我們或我們所經歷的一切。

昨晚在回家的公車上，我深受兩個坐在嬰兒車裡的學步兒吸引。其中一個是年約一歲半的小女生，對周遭每件事物都好奇不已，尤其是她腳上那雙可愛學步鞋上的亮亮粉紅鞋帶。她著迷地觸摸蝴蝶結的曲線和堅硬的末端，探索形狀、質地的差異，用體驗來認識這個世界。這恰恰正是學步兒的任務，溫馨動人的《學步兒馴化師》（*Toddler Tamer*）作者克里斯多福．葛林（Christopher Green）博士會這麼說。

小女孩的媽媽（也可能是保姆）似乎也被她的舉措吸引，不時低頭微笑，輕聲鼓勵。不出所料，小女孩終於解開了一條鞋帶，然後另一條。下一步，把鞋脫掉！只見她肥肥的手指抓著這個獎杯，臉上洋溢著驚喜的光輝。你看得出她不是在「搗蛋」；她是在探索。這位媽媽（或保姆）顯然也這麼認爲，她一邊以溫暖平和的語氣說著類似這樣的話：「好聰明呀！不過得把鞋子穿好了，我們要下車啦。」一邊把鞋子套回小女孩的腳上，繫好鞋帶，過程中不帶一絲氣惱。「啊，可見那肯定是保姆！八成正準備六點下班，去跟男友享受個安靜的夜晚。」我可以聽到讀者中疲憊的家長這麼說。這看法很合理，我等會兒再談。

這組下車後，第二組學步兒和照護者上來了。這位母親（或保姆）臉上毫無表情，感覺似乎是受夠了。小朋友是個男孩，年紀稍微大一點，也許兩歲或兩歲半，詞彙多一些，也比較活潑。女人一片一片給他吃點心，卻幾乎不曾正眼瞧他。接著她掏出一個杯子想給男孩喝水，但他用小手不斷推開，大聲嚷著：「不要！」（這是兩歲小孩最愛的字眼）女人顯然很不滿，兩人陷入對抗，媽媽（或保姆）滿臉怒氣，嘖聲連連。最後（在我下車前），我聽到她咬牙切齒、清楚地噓他：「笨死了你！等一下口渴活該！」

好，假如我的這段見聞代表那兩個小孩的日常（當然也可能不是，畢竟我只觀察了一下下的時間），那你覺得他們長大後會怎樣？你認爲他們將如何看待自己？一個被說笨，一個被說聰明。而實際上在這個年齡，說出口的字眼是大人和小孩間持續溝通裡最不重要的部分；重點是語調及身體語言——微笑加上以溫暖的語調說：「你好可愛！讓我好著迷！」或是惱火的說：「你眞煩！快被你氣死了！」

夠好的父母

請別以爲我是在背後批評，而且不切實際。我知道，任何時候（或多數時候）要像前述故事中第一組媽媽（或保姆）那樣是不可能的。

我自己有兩個孩子、一個繼女和兩個繼孫兒。在現今社會，那簡直是世界上最難又最不受到重視的任務。孩子還小的時候我有過最糟糕的歲月，覺得自己極度寂寞、沒有價值、沒有支撐，因此我對他們根本談不上溫柔慈愛。

我記得自己曾在同樣的46號公車上哭泣。那時我坐在博愛座，腿上坐著一個學步兒，手上抱著一個嬰孩，一位長我一點的女士叫我起身。「你又不是殘障，」她斥責我，「你這麼年輕健康。」當我掙扎著起身讓座給她（體貼者的詛咒——我當然這麼做了，甚至還向她道歉），淚水奪眶而出，喃喃自語道：「此刻媽媽們在哪裡呢？」

我提前兩站衝下車，因感受到全車乘客的眼光（沒人爲我說話）而羞愧難當。我當時不分青紅皂白就吼了老大，只因我被羞憤淹沒。所以我了解完美媽媽有多麼難當，我也明白朝「夠好」、夠善良的父母努力即可，但要時時謹記我們的行爲會對孩子造成何種影響，因爲這是必然會有的效應。

有條件與無條件的愛

一九五〇年代起，由約翰・鮑比（John Bowlby）和唐諾・溫尼考特（D. W. Winnicott）等人領銜的嬰兒發展研究在在顯示，我們幼時如何被看待，與我們的自我意識有著強烈的關聯。基本上，當我們被視爲可愛的、寶貝的、值得付出的，我們長大後就會覺得（絕大多數）自己是可愛、寶貝、值得付出的。我們對自我的核心信念基本上是正面的。

愛可分成有條件或無條件的。「無條件的愛」意味著沒有附帶條件：你被愛，純粹因爲你是你。「有條件的愛」則意味著有附帶條件：當你做甲、乙、丙，或當你不做A、B、C，我就愛你。

對孩子來說，要辨別自己是誰與自己的行爲，可說非常困難。當一個小女孩成天因爲搶弟弟的玩具卡車、扯貓尾巴、對祖母吐舌頭而被說是「壞女孩」，她便會開始相信自己就是個壞女孩。當她只在做某些事或表現某些舉止時才會得到愛與關懷、讚賞與注意時，長大後她就會相信自己只有做這些事或這樣表現時，才值得被愛。心理學家卡爾・羅傑斯（Carl Rogers）稱此種發展爲「價值條件」（conditions of worth）。比較有益的做法是，告訴孩子大家愛她、疼她，但不喜歡她做的那些行爲，以後能不能不要再這樣。父母（與師長）這樣的教養方式，區分出了行爲（我們做了什麼，而那是可以學習和放棄的）與我們是誰（相對而言難改許多）的不同。

大多數受體貼者詛咒折磨的人，童年時都曾滋長出一些（或許多）無益於自己的「價值條件」。

莫妮卡：燃燒自己、照亮別人

三十九歲的莫妮卡來找我，她因為覺得被排擠而感到焦慮。她自覺無法像別人一樣交朋友，而儘管與伴侶的關係良好，她的社交焦慮卻也開始造成兩人的矛盾，尤其在她不想跟他的家人、朋友相處時。

乍看之下，莫妮卡似乎不那麼像體貼者詛咒的受害者，但隨著她吐露得愈多，便愈能看出她難以交友的主要原因是她付出太多，多到累死自己、無法支撐下去。這個習慣是如此根深柢固，以致她根本不曾想過能有不同的選擇。

「我無法跟人相處而不全心付出，」她解釋道：「我只會當個一千瓦燈泡，照亮一切，炒熱氣氛。我沒有漸進階段；我只能全然付出或完全閃開。」

跟多數貼心的人一樣，莫妮卡沒把自己的能量視為寶貴資源，慎選她付出的方式、時機和對象。在不自覺的情況下，她按照這樣一種「僵化的個人守則」而為：當你跟任何人相處，就必須給出你全部的精力與關切。

就像我協助處理每個「僵化的個人守則」那樣，我想幫助莫妮卡發現「若不這麼做，那會怎樣？」

「如果你不再是一千瓦燈泡，那會怎樣？」我問她。

她僵住了，對這個問題顯得不知所措。向來活力四射的她陷入沉默。

「你在害怕什麼？」我溫和地追問。

莫妮卡哭了起來。「不認可。我無法忍受有人不認可我，即便是陌生人。我對人們肢體語言的細微變化非常敏感，我隨時都在追查他們的臉部表情，而這耗盡了我所有的力氣。」

我們談起她的童年。莫妮卡三歲時，舉家搬遷到鄉下一處非常偏遠的村落。爸爸是旅行社業務員，一年到頭不在家，她覺得媽媽變得孤單且不快樂。

「通往最近城市的巴士一週只有一班，她很愛逛街，所以我想她一定無聊透頂，恐怕也滿肚子的挫折和憤怒。每天早上我們送哥哥上學回到家，接下來便兩個人共處六個鐘頭。我是她的家事小幫手，記憶中只要我一犯錯她就大發雷霆，比如我沒有擦到櫥櫃上的一些灰塵，她便會大發脾氣，搧我耳光。但我們也有好時光，我會唱歌跳舞討她高興，她就會開心地說我是她最好的朋友，沒人能像我這樣讓她安心。」

「你最害怕哪一樣？」我問：「是她的發火，還是不認同？」

「呃，我想這兩個環環相扣吧。作為小孩子的我，沒能區分其中的不同。我只知道如果我不努力取悅她，設法讓她開心，她可能就會發飆、大罵並揍我。」

「那你覺得現在如果有人不贊同你，那個人可能會失控揍你嗎？」我問。

莫妮卡訝異地盯著我說：「不，當然不會啊，那太荒謬了！」接著她陷入深思：「實際上，搞不好我真這麼以為。那份恐懼太過深刻，一定牽扯到很強大誇張的某種東西。不過，成人後我當然從來不敢測試，所以說不定在某個程度上我還是那樣想。」

做個善解人意的小孩以求生存

小孩沒有能力起身反抗、逃跑或向他人求助。可行的途徑非常少，其一就是努力管好自己的行爲，別讓照護者不高興。因此，身爲貼心的人，有時就像是在生死邊緣求生。

對莫妮卡來說，只要能取悅母親，讓她開心、不要發火或難過，她就得以避開苦難和預期心理造成的極度恐懼。然而，她已將這種驚懼反應帶到成年：任何人（尤其是女性）只要臉上掠過一絲不贊同，她便下意識立即連結到即將發生的身心折磨。

使媽媽憤怒的事情根本不關小莫妮卡的事，那既非她所造成，她也無力修補。但我們的大腦在七、八歲以前幾乎無法進行理性思考，往往得仰賴所謂的「奇幻式思考」（Magical Thinking），意味著我們以爲自己能控制宇宙和旁人的行爲。這就是爲什麼這個階段的孩子會有點偏執（像是「假如我不踩到人行道的線，熊就不會來抓我」），會跟宇宙打交道來緩和焦慮。此時也容易產生「僵化的個人守則」，例如：「假如我一直很乖、很聽話（或很小心、很安靜、很努力等等任何被認可的舉止），媽媽（或爸爸、哥哥）就會高興，對我很好（或就不會罵我、罰我）。」這種信念甚至還會被加強，因爲有時候它眞的應驗了。有時候我們很聽話，表現得很守規矩、很有禮貌，照護者就會對我們很好，於是就像玩吃角子老虎上了癮，我們不斷希望能再度中獎，卻不明白上回中獎完全是運氣，不管我們再怎麼重複致勝策略就是無法控制結局。想當然，在我們未曾中獎、「贏得」我們渴望的照護者的行爲時，我們便會認爲自己必須更加努力，如果贏的次數有限，那麼問題都在自己。

在我們年幼時，這種信念模式情有可原，它幫助我們滿足需求，卻也往往未經檢驗與試煉地伴隨我們長大。那時，這種模式對我們的助益大幅降低，甚至常常阻礙了我們理想的成長。因此就莫妮卡而言，活力充沛的表演策略確實在年幼時非常有效，是少數幾種能安撫媽媽暴躁脾氣的方法之一。但如今，這個策略令她筋疲力盡心好累，於是她乾脆避開社交活動，卻又感覺孤單落寞。

我協助她的方法包括找出她能測試原有信念的安全途徑，透過微小、循序漸進的行為實驗證實：他人的不認可，並不會導致暴力、失控或無法承受的結果（更多詳情，參見第八章）。

迴避憤怒與尋求認可

跟莫妮卡一樣，許多體貼的人屬於迴避憤怒型：我們過度恐懼衝突、反對或批評。

我們常會（但不是一直）避免以下狀況：向餐館抗議、帶商品回店裡退貨、提出任何客訴（無論多麼合乎情理）、與人爭執或辯論、拒絕他人的要求、請人別再（或開始）那樣做。我們也會設法遠離某種社會運動：憤怒的同事、鄰居或小孩同學的家長，以及希望我們加入他們對非正義的連署請願。這些人的出現使我們覺得緊張，即便他們還沒開口說出我們無法說「不」的事。

迴避憤怒型的反面是尋求認可型。在我的經驗中，多數承受體貼者詛咒的人是這兩者的合體（雖說就某些人而言會更常使用其中一種）。

如同迴避憤怒者，尋求認可者也有許多表現形式。在我自己的清單上，第一名是：向咆哮發火的對方討好、同情、安撫，期望如果對方喜歡自己，他們就會停止生氣（對方生氣的對象不見得是自己，但體貼者的暴怒儀表板敏銳到無法辨別這點）。接下來是尋求讚美、感謝、「滿分」（任你解釋，以下面的珊曼莎來說，那意味著一塵不染的家、整燙好的嬰兒服）、做好事、從不說「不」、試圖贏取所有人的心（也就是沒有人不喜歡你）、與人爲善、樂於助人、富有愛心、仁慈、有禮、不自私。你也許能體會其中一些（或全部），也可能還有更多。當然，這些行爲本身都沒有錯，但當我們以爲沒有其他選擇而深受綑綁時，就對我們沒有好處了。我們希望做到的是體貼、善解人意，但那是在我們願意的時候。

作爲一個成人，當你能確保自己能得到這些人的肯定（那些確實凌駕於你的人，例如老闆，或那些你不自覺地允許他們在你之上的人，例如伴侶、朋友、父母），你將覺得世界太平，感到片刻的平靜安全與自覺良好。這說明了爲何體貼的人常有完美主義的傾向。就拿莫妮卡來說，如果她能完美地做好母親指派的所有工作，或許就能獲得讚賞、溫暖的眼神和擁抱。但只要母親看到一絲不完美，她可能就會被大罵、批判、處罰或冷落。

實例分享

珊曼莎：為了得到認可幾乎失去自我

對珊曼莎而言，從她三十五歲生了第一胎，人生就整個變了樣。

「我覺得茫然若失，不再認識自己。」她這樣告訴我，開始流淚。「在有伊茲之前，我非常投入工作，野心勃勃，但現在我只能將這一切放在一邊。我擔心旁人怎麼看我、我的職涯、我的外貌。懷孕後我變胖了，我怕我老公不再覺得我迷人。」

轉換成為母親，對多數女性的自我形象產生了巨大的壓力。過往形塑身分的許多元素，諸如工作能力不俗、欣賞自己的體態、是個活力四射的朋友或伴侶、有空從事讓自己感覺良好的活動，通常因而消失不見，有些一去不回，有些會再回來，有些則被其他事情取代，而這是她們之前根本沒有意識到的事。

珊曼莎解釋自己是父母的掌上明珠，他們告訴她，她非常特別，只要夠努力，沒有達不到的目標。她熱愛芭蕾，夢想成為舉世聞名的芭蕾女伶，擔任黑天鵝的領銜角色，贏得如雷掌聲。

「從三歲起到十七歲，我每週練習四晚，週末繼續練。我的老師非常嚴格，對我極其鞭策，十分吝於讚美。如果我考試得第一，大概頂多得到她唇角的隱隱上揚、眉毛挑高，然後警告我下次會難很多，叫我最好趕緊練習！」

從我們的諮詢過程，珊曼莎領悟到自己完全受被讚美的渴望驅策，在任何情境中無疑就是（芭蕾）「老師的寵物」。

「我真的相信，我的敬業態度來自我的舞者魂。我不能低估舞蹈老師對我渴望獲得注意的影響力。我前一個老闆很喜歡我，因為我總是第一個到公司開門、然後最後一個下班的員工。我賣命工作，全只是希望贏得他的讚賞。」

你從何處尋求認可？

很多人都能從珊曼莎的故事中讀到自己的童年。當讚賞如此稀缺，我們可能會執著於追尋，有時甚至不分對象。

心理學先驅卡爾．羅傑斯曾寫到「評價中樞」（locus of evaluation）可以是傾向內在或外在的，這取決於你如何評斷自己的行動、工作、成就、行爲——主要根據自己（內在），或更取決於他人的眼光（外在）。當然，根據狀況而有各種不同，我們都是這兩者的組合，但我們也必須務實以對。以外在的考試與資格評比爲例，當你的內在評價中樞說你是A級優等生，但外在評價中樞（中等教育會考成績）卻全都當掉，那麼恐怕你是上不了好學校的。放眼當下，我們這個高度競爭的文化存在著可觀的外在評價，無論是永無止境的各種考試，或是給臉書上的照片評分。

如果你承受著體貼者詛咒之苦，那麼你的外在評價中樞很可能遠遠重於你的內在評價中樞。實際上，我的許多個案幾乎無法感到對自己有任何評斷。他們把這項權利交到他人手中，而這習慣往往源自遙遠的童年，在行爲（而非他們是誰）決定一切的年代。這使我們想起有條件的愛：別人愛的是你的行爲，而非你這個人。

青春期的信念如何影響成年後的你

這些年跟許多個案共事的經驗讓我看到，不僅童年對愛與依附的體驗會構成成年後不健康的舉止和信念，我也相信，敏感的青春期對成長與發展同樣有著持久深遠的影響。

艾拉：從渴望認可到想逃離人群

在艾拉的成長過程中，父親服務於一家大型跨國企業，每隔幾年就被調派至不同國家。她的經歷就是從很多不同的學校開始，而她始終覺得格格不入，甚至常不能以母語跟人溝通。然而聰明且反應快的她，不記得這些曾造成困擾，直到步入青春期。

「那時我就讀於一所美國高中，情況就像電影《辣妹過招》一樣。有一群超酷的女生，對我這種有點土氣、衣著呆板、沒有心機的人，整個就是耍賤。她們嘲笑我的髮型、口音，以及我對男生的一無所知。」

艾拉覺得孤單和被排擠，並把「魯蛇」的嘲弄深植內心。

「週六晚上我總是在家，跟爸媽看著爛電視節目。電話從沒響過。到了週一早上大家八卦著去了哪些派對、誰跟誰在一起、誰喜歡誰，而我總是在這個男生展開行動的刺激世界之外。」

長大後，艾拉成為一個非常依賴朋友的認可、一直焦慮會被排斥的女性。聽到有自己沒被邀請的社交聚會，她會花幾天時間不斷分析自己對誰說了什麼，努力找出是否得罪了誰。艾拉執迷於融入朋友群，而儘管她現在有能力買衣服、花錢做出「對」的髮型，她卻知道她常在人群裡感到焦慮，不斷審度該怎麼應對才不會引人矚目。

「時時提高警覺把我累慘了。我從不覺得可以當自己，儘管我根本不確定自己是誰。我從不覺得自己能拒絕任何要求或邀約，因為我不想得罪任何人。」這一切使她非常不快樂：「有時我想，我恨這個人生，真想搬到天涯海角，整個重新開始。」她這麼告訴我，語氣漠然。

很多人能同理艾拉的感受，以及她想逃離的渴望。我們在後面會再談到她（見第四章與第八章），看她如何與真正的自己重新連結，強化內在的評價中樞，不再那麼仰賴同儕對她的認可。

青春期也是我們對性渴望的信念形成的關鍵時期：我迷人嗎？男生／女生想跟我約會嗎？我要怎樣才能充滿魅力？

實例分享

莎拉：受困於青春期的不實信念

三十六歲活潑迷人的莎拉前來找我，因為她自覺反覆的嘗試減肥和戒酒正在傷害自己，更嚴重的是，覺得自己不夠好的憂慮也在破壞著她與男性的關係。看來她的不健康信念源自青春期，而非更早的童年。

「我的童年相當快樂，」莎拉說明：「我的家庭讓人很有安全感，充滿著歡笑。我們屬於那種開心的胖胖家族，就像喜劇影集《五月的花苞》那樣。所以只要我們在一起，一切都會很好。」（莎拉是喜劇性自嘲高手——好先聲奪人，她稍後這麼解釋。）

「但等我進入青春期，事情變得很困難。我高中最要好的朋友長得非常漂亮，那更無濟於事，而我也習慣當她的胖朋友。某種程度上，那迫使我變得風趣可愛。我自我安慰地想著：你也許沒為我著迷，但你應該會覺得我人很讚。」

諮詢中憶起青澀歲月某些痛苦的細節，讓莎拉頓悟到自己對飲酒的信念可能是如何開始的：「有一陣子，我的漂亮朋友跟一個橄欖球員交往，我會和她一起跟球隊那群男生消磨時間，我想那就是我酗酒的源頭。我無法當上他們想約會的漂亮女生，那我就成為他們也許會想一起喝酒笑鬧的夥伴。至今我仍是聚會裡喝到最後的人。在那些球員眼中，那絕對很酷。」

莎拉也常碰到一種令人洩氣的狀況：有些男生接近她，只是意在那個漂亮女生。因此當有人真的喜歡她，她寧可裝作不知道，心中假設他們別有企圖。諮詢中她首次明白，一個她知道是真心把她當朋友、但她不敢相信能有更多情愫的男生，其實很可能跟她情投意合。

「他會寫信給我，我們每晚還講好幾個鐘頭的電話，但我很早就捏死這段浪漫史的可能。我記得有一次帶他去跳舞，中途卻硬生生把他推開，接著便遇上他困惑的神色。我想我從不相信他會真心想追我。」

這段回憶令她很難過，卻也讓她開始調整自己跟異性之間的信念，也認識到自己痛苦的青澀經歷如何限制了今天的自己。

放下責備

在探究自己那些不健全的信念時，務必要對自己保持寬厚與包容，而非製造更多的不認同與批判。一旦找出這些模式，我們就可以開始作出改變，讓自己卸下不再有益的種種信念。在第六章，我們將看到莎拉以一種關愛、賦能的方式跟十五歲的自己對談，並看看這麼做造就了什麼結果。

同樣地，我想我們也應當努力把寬厚的好奇和理解，推及到那些曾多少形塑這些模式的大人。大多數的父母竭盡所能，以當時的條件，加上他們自己被教養的方式在對待他們的孩子。個案們跟我在輕柔和緩探索過去的過程裡（見第五章），往往會發現他們的母親與（或）父親在教養孩子的當時，背負著莫大的挫折與壓力。也許他們有三個不到五歲的孩子，阮囊羞澀，沒有後援，買不起尿片。他們筋疲力竭，暴躁嚴酷。也許他們正陷入巨大的傷逝之痛當中——或許是父母之一剛撒手人寰，或許是讓他們從此絕口不提的一胎死嬰。也許父親在外地工作或有了外遇，回家時總不免發生驚悚的打罵或令人緊繃的場景。也許家中有人重病或染癮。這一切，都不是他們的孩子該負的責任。問題不是孩子所造成，也非他們所能解決。

另一方面，我們也得記住：有關兒童情緒和心理發展的突破性觀念，很多要到過去這十年才眞正普及。《超級保姆》這類熱門影集，灌輸了大眾一個觀念：教養子女，等於無條件的愛加上明確的界線；但以前的人並沒有這樣的認識。

畫出你的家譜

此刻，畫出你的家譜可能很好玩，也很有用。這也許能幫助你思考自己的成長過程，發現那如何形塑了你潛藏的個人守則與信念。你可以從祖父母開始，一路畫到你的位置。

標準做法是：圓形代表女性，正方形代表男性，把夫妻用直線連起來，孩子們依序排列其下。別太在意此圖的樣子。

在諮詢上，我們把這稱爲家系圖（genogram），旨在注入能幫你搜集你之所以爲你的所有資訊，它們或許包括一些人生事件，例如離婚、遷居、外遇、早逝。你也可以加註每個人的心理描述，像是挑剔、慈愛、慷慨、控制欲強等任何你知道或記得的特質。你甚至可能想找一位信得過的親人，好進一步探索。如果這個過程帶出的記憶痛苦到令人難以承受，不妨找某位你信賴的人談談，或考慮與諮商心理師安排會面。

摘要

以下是我們在本章談及的核心概念，之後也將一一探討解決之道。

- 朝「夠好」邁進。

- 檢視「價值條件」與特定舉止、信念的價值和起源。
- 強化你的內在評價中樞。
- 放下責備。
- 畫出家譜，以找出個人守則及信念的可能根源。

3

各種體貼者的角色和困境：你屬於哪一種？

當我服務於霍洛威監獄（全歐洲最大的女子矯正機構，有超過四百名人犯），我的工作之一是負責「自信訓練」課程（這是我的同事及朋友的笑料之一，因爲這正是我自己的一項主要困境）。這個經驗讓我學到一門寶貴的教訓：在生活各個層面都深具信心的人，太少太少了。我們都似乎至少有一處弱點，反之，大多數人也都至少在某個領域能進行冷靜、清晰的溝通。這很重要，它意味著溝通是我們能夠學會（或學會從我們的強項移轉過來）的一種技能，而非只有某些幸運兒天生具備的特質。

我們做了一項叫作「線遊戲」的練習：一條想像的線橫跨室內，地上貼著名字，影射心理學家安・迪克森（Anne Dickson）談自信那本傑出著作《女人有權做自己》（*A Woman in Your Own Right*）當中的幾種角色。線的一頭是永遠被動因應的「出氣筒朵爾西」，另一頭是習慣以言語霸凌回應的「盛氣凌人艾妮斯」，靠近艾妮斯的是我們常稱作被動攻擊人格的「迂迴艾薇」，而中間（也就是我們都想成爲的）是「果敢塞爾瑪」。我會念出幾種情境，所有人依據自己會有的反應朝適當位置移動。由此看到彼此如何不同、又如何類似，很有意思。

以情境一來說：拿不適合的商品回店裡退貨。我會站到「出氣筒朵爾西」那裡，因爲這種狀況讓我退避三舍。其他女子見狀會善意地嘲弄我：「老師，你這個膽小鬼」，同時全都移往「盛氣凌人艾妮斯」那裡（「我他＊的直接告訴他們！」）。

但若換個情境，例如挺身面對不斷貶低你的伴侶，我可能會靠近「果敢塞爾瑪」的位置，而有些人則挪向「出氣筒朵爾西」，說明了這種狀況對她們的難度。當來到面對切入我們前面的駕駛，我們全都變成「果敢賽爾瑪」，表示在私密的車內空間，我們有足夠的安全感讓自己高聲叫罵，甚至比出不雅手勢。

我也曾對多群企業高層進行過類似的遊戲（用絨毛玩具代替女性名字表示各種溝通風格，如出氣筒狗狗、果敢鱷魚）。這些高層人士（多為男性）在職場上都身經百戰，非常有自信，有的要管理數百人，日理萬機，但面對孩子纏著要更多糖果或伴侶蠻橫要求時，卻完全不知如何是好。

面對任何情感關係或處境，我們的反應顯示出自信程度，那關乎我們對那個特定角色、關係或情境具有什麼樣的信念、情緒與行為。

幾乎沒有人能在生活的所有面向一逕的冷靜和清晰。我們可能或多或少都有體貼者詛咒的軟弱區塊。以下提供一些個案經歷，幫助你找出你可能希望改變的領域。

實例分享

柯絲蒂：以為愛孩子就得自我犧牲

柯絲蒂承認自己不是個太甘願的媽媽。在發現自己懷孕時，她的感覺很複雜，一方面相當興奮，但孩提時不快樂的記憶又讓她擔心自己會成為母親那樣火爆施虐的樣板。她爸爸因為工作經常出差，她猜母親一人帶著三個小孩，壓力大又不快樂。

「我不喜歡她這個人，還時常恨她。」柯絲蒂對我說：

「我只在非不得已時才打電話或去看她。這麼做也許是出於罪惡感或義務，或因為我爸逼我。」

懷孕帶給柯絲蒂的正面情緒主要在於有救贖的機會——成為截然不同於自己母親的母親這樣一種療癒的體驗。

「我想我當媽媽所做的每一件事，都是為了讓我兒子別對我產生我對我媽媽的那種感受。我不希望三十年後他對著心理諮商師罵我！我希望他喜歡我、愛我、想跟我在一起。」

柯絲蒂來諮商時，兒子麥斯三歲。生活讓她喘不過氣。為了給麥斯完整且無條件的愛，她幾乎無法設定任何界線。她聽不了兒子哭，每晚抱在懷裡哄他睡。半夜聽到他醒來，就把他抱來主臥房，搞得自己睡眠愈來愈不足。她整天陪他玩，整個家庭作息全都繞著他的需求打轉。然後她提到讓她終於來尋求諮詢的引爆點：

「每次我們去超市，我都會在收銀台前幫他挑一片光碟影片。我知道自己不該這麼做，這當然會造成他每次都期待這樣。如果我說：『不行，今天不能買，家裡已經很多了』，他就開始哭。萬一我沒屈服，他便立刻大鬧，又哭又叫讓所有人都盯著我看，而我知道他們心裡在想：這個媽媽真糟糕！」

但有時，柯絲蒂是因為錢不夠而必須拖著尖叫的麥斯離開。她說她自覺深深傷害了兒子的感情，這道陰影勢必會跟著他一輩子。更糟的是，他的哭鬧有非常明確的口語：「我恨你，我恨你，媽咪。我恨你！」

「我沒辦法看他受苦，」她啜泣著，「而知道這是我引起的，更令人難以忍受。但我不能這樣下去，他把我的生活搞得亂七八糟，我痛恨這樣，但又歉疚地覺得自己變成了我媽媽。他已經開始恨我了。」很矛盾地，柯絲蒂一手打造出她最害怕的局面。

並非所有體貼的父母都像柯絲蒂這樣，但情況確實頗爲類似（父母皆然）。你會留意到，如同體貼的人時常碰到的，這裡的關鍵字詞有：罪惡感、痛恨、造成你自覺無法打破的期望（同時造成許多憤怒，讓你難以忍受）。

身爲人母，往往會融入社會對女性的期待，並加劇我們既有的自我犧牲或殉難的傾向。就如蘇珊．法露迪（Susan Faludi）寫於《反挫：誰與女人為敵？》（*Backlash*）的：「順從和犧牲……是這文化表彰女性的傳統徽章，標誌成對女性的社會認可與愛。」

一位懷孕後期、身為專業人士的個案，在與我首次輔導會談後寫信給我：「過去我一直被這種思維綑綁：成為母親，我就得把自身需求排在最後，否則就是壞媽媽。謝謝你告訴我，如果我不先顧好自己，找出方法『裝滿油箱』，我就不可能好好照顧孩子。我再度充滿了希望！」

體貼的伴侶

實例分享

亞曼達：對伴侶付出太多，不斷討好和妥協

四十五歲時，亞曼達覺得自己終於找到了真愛，高興之情難以形容。二十三歲那年，她被第一個男友傷透了心，之後雖然有過幾次浪漫史，卻始終無法再相信男人。

「男人似乎總是穩操勝券，」亞曼達跟我解釋她來諮商的原因，「你從不知道他們到底在想什麼，而他們背後似乎總有一些候補對象。我希望這次能有所不同。」

亞曼達遇上了賽門，希望邁向電影裡那從此快樂相守的結局。但我們都知道，人生從來不是那麼簡單。賽門走過一場慘烈的離婚，傷痕累累，青春期的兒子週末會來與他同住，那個小鎮離亞曼達的住處有幾百公里遠。但她投入難以想像的熱情、金錢、時間和精力，學會玩射擊遊戲《決勝時刻》，好跟那反應冷淡的兒子並肩作戰，還要忍受他用過的浴室，從弄濕的浴巾中找出一條比較乾的來使用，並默默收拾好廚房裡散亂的披薩盒。

儘管賽門並未要求，亞曼達仍主動做盡她認為完美女友該做的一切，從烹飪、清洗到整燙。每個週末她忍受長程火車前去探望，卻也逐漸厭煩週日下午無可避免的接駁巴士，想念屬於自己的週末時光。通常他們每晚講兩小時的電話，亞曼達常發現自己關切賽門在工作和家庭上的棘手問題，卻很少提起自己的困擾與麻煩。

然後亞曼達的健康出了問題。她胃痛到必須看醫生，因為她懷疑自己得了胃癌。

「你記得什麼時候開始胃痛的嗎？」我問：「有沒有跟什麼事相關？」她想了一會兒。「是搭火車離開他那一站的時候……」她說。「你記得當時有什麼感受嗎？」我問。「我心裡充滿厭恨。我覺得我嚥下了太多……」「到你的胃裡？」「沒錯！老天！就是那個感覺，就是胃痛。實際上，我的喉嚨也一直有那種感覺。我沒病。我只是怨恨透了！」

於是我們一起設計出「怨恨氣壓計」：目前指數多少？我需要什麼？為什麼我無法開口？我在害怕什麼？亞曼達找出自己的恐懼根源：失去賽門的愛。「假如我開口要求，他就會收回對我的愛。」她如此推敲。同時她也挖掘出其他「僵化的個人守則」：我不能小題大做，不能成為包袱。

這對亞曼達是通透一切的起點，但正如我們所知，改變是最緩慢艱鉅的一環。我們在第四章會再見到她。

體貼的伴侶不僅見於求偶階段，此時我們常「竭盡所能」以贏得對方的愛意。在婚姻或長期關係裡，你也可能發現自己是那個付出太多、不斷妥協或提供「情感撫慰」的一方。要點破這些、開口說出你的要求——從實際面（「我需要你幫忙洗衣服」）到（恐怖很多的）情感層面（「我需要你更多的愛與關懷」）——感覺上風險很大，自我揭露到令人生畏。而這同樣也會發生在男性身上，且異性戀和同性戀都一樣。

一般來說，體貼的人在某些地方困頓難行，當看到有人全然沒有這些困擾，下意識就會受到吸引。哈維爾・韓瑞斯（Harville Hendrix）在其著作《相愛一生：談夫妻相處之道》（*Getting the Love you Want*），對此有精闢的闡述。舉例來說，身爲體貼、善解人意的人，我們的對象常是能從容面對自己和他人火氣的人，於是我們把一切侵略性的溝通任務都交給他們（對人說「不」、要求退款、與建商打交道等），但這樣的角色分配（伴侶負責在前線對抗，我們則展現體貼的行爲）有可能會反噬，讓我們感到畏怯、困頓、厭恨。

實例分享

哈米胥：貼心男人付出的代價

我納入哈米胥這個例子，用以說明體貼者詛咒不只發生在女性。如我之前所說，我有好幾位男性個案對這種觀念十分認同，常自覺被他人的期望箝制著，就像那些難以言說這個面向的超善良女性一樣。

當接受哈米胥預約的櫃檯人員讚賞「他像是個貼心的男生」時，我就有強烈預感他有這方面的問題。每當有人用「貼心」描述某人，我的疑心便大作。我不知道這樣的形容詞讓他們付出了多少代價？

我很快就發現哈米胥付出的代價。哈米胥有著可愛且充滿魅力的微笑，非常親切，妙語如珠，讓我笑個不停。他任職資訊部門，幫所有人處理電腦問題，儘管那並非他的職責所在。每個人都愛哈米胥！而你猜怎樣？在他的微笑及樂於助人的表象背後，痛惡感熊熊燃燒著：「我覺得自己被徹底困在人生的每個面向當中，」他坦承道：「大家都以為我是個好人。當然，某部分的我是，而我也喜歡這個部分的自己，但我還有暗黑的一面在底層冒著泡泡，不斷嘲笑著我和周圍的人。」

哈米胥一直努力不讓他人看見他認為黑暗、不可接受的一面，而那得費好大力氣，對任何人也不可能絕對有效。「偶爾一件看似很小的事會讓我忽然爆發，旁人似乎驚嚇又失望地躲得老遠。我並不會大喊大叫，而是射出冰冷的怒意或殘酷的嘲諷。」

「然後呢？」我問。

「喔，我會很慚愧，然後對大家更好以作為彌補。」

我常會請個案畫出他們自覺投射於他人眼中、以及收斂或壓抑於內在的特質（你可依照第99~102頁的說明做此練習）。哈米胥在他的身軀周遭畫著神聖光芒，寫下：「不可說『不』」、「照顧所有人」、「兼顧各個面向」；在他的身軀畫著黑色漩渦，寫道：「我爸。」哈米胥的父親在他四歲時，拋下他媽媽與兩個幼兒。「他是個殘酷無情的人，」哈米胥說：「我很怕自己像他。我們兩個都非常固執。」他笑著，面帶陰鬱。

哈米胥的體貼模式也造成夫妻衝突。因竭力避免像他爸爸那樣，於是他刻意壓下陽剛面向，超級溫暖地展現陰柔特質。但過度壓抑卻讓妻子說他心裡有鬼，指他必定有了外遇（尤其她看到公司所有女同事對他的體貼那樣熱情地回應，當然只有加深她的懷疑）。

所以哈米胥的任務是，看自己能否將兩個面向整合於一——他是否能保留足夠的「好人」（這個大家和他自己都喜歡且欣賞的部分），並適時展現自己的「黑暗面」，不致累積到爆發？我們會在第四章看到哈米胥的成果。

實例分享

潔西卡：在工作上無法為自己設定界線

潔西卡第一次來找我時，對「體貼者詛咒」這個概念非常興奮。「那完全就是我！」她喊著。潔西卡自覺生活中除了「死胡同似的工作」外，一無所有。她的工時很長，沒有加班費，做兩人工卻沒得到肯定或支援，於是不難想見她非常沮喪。她想減肥、交友、理清關係、充分享受這個城市的美好，而每天下班後，她卻只感覺被抽空一般，疲倦而沮喪。「什麼都不對。我好像一個等人告訴我該何去何從的五歲小孩。」然後她哭了起來——輕輕地。那股無助令人揪心。

五歲是潔西卡的關鍵時期。父母在她一歲時離婚，母親帶著她投靠父母（潔西卡的外公、外婆），所以母親外出工作養家時有人可以照顧她。她記得五歲時的自己非常乖巧，拚命想博得外公的肯定。外公十分嚴厲，每天盯著放學後的她，他認定小孩要好好看管，不用理會他們的心聲。他脾氣火爆，但只要守規矩、努力又安靜，潔西卡就覺得安全有保障。

時間快轉到二十五年後，潔西卡卻仍然照著五歲時「僵化的個人守則」過活。當年曾有效滿足她所需的那套守則，她依然嚴格遵守：守規矩、很努力又安靜，只是如今這卻使她感到痛苦、被剝削、十分無助。

「我應該要為自己挺身而出，推掉他們丟給我的額外工作，準時下班。」潔西卡露出可愛的微笑，接著又說：「但那就像是要我穿上8號牛仔褲一樣不可能！」

我們一起研究潔西卡自覺在旁人眼裡的形象——永遠面帶微笑、樂於相助的天使。然後我們討論能不能實驗看看，只要減少1%體貼、處處替人著想的程度。

「那在實務上可以是什麼？」我問：「你能否想出明天可以做哪件事來代表這1%？也許當同事請你幫忙做一份試算表時，開口拒絕？」潔西卡面帶憂色，搖搖頭。

「你在害怕什麼？」我問：「你心裡有浮現任何影像

嗎？」

「我怕我就算只減少1%的貼心，也會被當成哭鬧不休的五歲小孩，五分鐘內馬上被炒魷魚！」

就是這類的恐懼和影像，讓我們長年身陷僵化的守則與行為當中。唯有當我們敢於著手嘗試不同的做法，才有機會打破這個魔咒。

潔西卡持續了六個月的諮商，展開一項極其勇敢的實驗，遠遠超出我當初所建議的1%。我們會在第七章與第八章看到她是如何辦到的。

實例分享

麗茲：不想讓朋友失望

四十五歲的麗茲跋涉數百公里前來進行兩個小時的諮商。坐下時她嘆了口氣：「在來這兒的火車上，我其實把這趟諮商想成是去做水療。我不記得上次為自己而活是在什麼時候。」

從五年前離婚後，麗茲說她覺得自己「被責任感綑綁」。她賣命工作，擔任某藝術中心的執行長，設法給兩個青春期孩子情感上與金錢上的支持，維持與一大群朋友的來往。「我一直努力不讓任何人失望，但此刻我已經被各種承諾逼到喘不過氣，覺得我跟我的目標、甚至我真正的感受已經脱節了。」

我跟她說，當她提到想要擁有自己的時間時，有點像調皮的女學生，不知當時她是怎麼想的。她不好意思地微微一笑：「我在想，不知誰要來教訓我了？」

我們一起探討出讓她這麼難以開口說「不」、難以設定合理界線（尤其是跟朋友）的原因之一是，孩提時期為所欲為和受人喜愛之間的連結，而這觀念來自不贊同她的父親。

「三年前他告訴我說：『我一直很後悔讓你去念那所大學，因為你頂著一頭粉紅頭髮回來，還有一堆你自己的意見。』我很想跟他說：『你不要只因為我做我自己而不喜歡我。』」但這背後的信念就是，想受到喜愛，就得做她覺得旁人期待之事，加上「僵化的個人守則」中包含「我絕不能讓人失望」。

我問麗茲能否嘗試讓朋友失望一下。從安全的小事做起，譬如她能不能取消一件她不是很想做的事，看看結果會如何？她說當晚她答應去支持一個朋友的活動，但她更想回家泡澡，早點睡覺。她承諾將取消此事，看看自己有何感受。她也保證將把此事與其他的行為實驗記錄下來。我們將在第九章看到她的後續。

許多體貼的人很難說「不」，也難以畫下界線，無論對方是朋友、鄰居、同事或泛泛之交。從同意參加他們的活動、就算不方便仍接他們的電話、隨時當他們可以靠著哭泣的肩膀，你往往把他人的需求擺在自己之前，不認爲自己有權說「不」。

我們知道，體貼的人傾向於「全有或全無」的思維習慣：如果我不是百分之百這樣，那我就是（不好的）那樣。這往往演繹成：假如我沒有全心投入、給予人們所期望的一切，那我就是個卑劣、自私、差勁（自行加入你覺得適當的負面詞語）的人。這將導致自己筋疲力盡，以及所謂的「同情疲勞」（compassion fatigue）。如果你以爲只有努力幫忙一切有需要之人、答應每個人的要求與想望才是好人，那麼無可避免地你必將難以負荷、充滿厭惡、油盡燈枯。

我猜這本書的許多讀者很可能從事所謂的「照護業」，因爲我覺得那可說是體貼者的天職。但就像俗話說的飛蛾撲火，那股光亮卻可能燒毀許多善良可貴的人。

也許你從上面幾種類型的體貼者中看到了自己，重點是：它們背後的種種信念乃是學習而來，因此你也可以用對你的健康幸福有益的方式重新學習。

我們隨後將探討幫助你打破魔咒、照顧自己需求的途徑，但首先，你不妨花一點時間做以下的練習，找出你獨特的體貼者屬性。

體貼者圖像練習

這是我請哈米胥和潔西卡做的練習。我常在諮商開始時邀請個案做這項功課，它很好玩，所以請帶著幾許雀躍，進行過程中或許會有些沉重的「困境」。

我放上我畫的圖，讓你了解如何創造屬於自己的成像。

關懷
善心
風趣
貼心
鼓舞
快樂
好笑
憤怒
厭惡
刻薄
不耐
無聊

在你的專用筆記本或一張白紙上，畫下代表你的簡單人形。如果讓這人物穿上三角袍最好，這讓你有地方可以標記；不然，直線型的「火柴」手腳加上代表腦袋的圓圈也可以。我總是在臉上放個大大的笑容，因爲多數貼心的人經常微笑。用捲髮點出自己的特性，是另一個我喜歡的細節。

接下來，畫出從頭與身軀放射出的線條（有點類似聖母或聖徒的宗教像），並留下足夠空白以便寫字。你可以在上面畫上箭頭（從「你」往外發射），象徵你把你的能量給予人們和世界。

下一步，就是在這些線條或箭頭裡寫下字句，描述你自覺投射給別人的樣貌。那可以是舉止，例如：總是微笑，隨時願意傾聽，總有時間給旁人，從不說「不」，逗人發笑，讓聚會保持熱鬧……，這份清單沒有止盡，但純屬你個人。那也可以是你與人溝通的個人守則，例如：我隨時奉陪，伴侶永遠第一，孩子要什麼都行。對於這個練習別想太多，想到什麼就寫什麼。這些是你樂於展現的部分，通常很正面，卻可能讓你覺得好累和永無止盡。

接著來想想你不輕易（或從不）公開的面向。你把什麼壓抑在內心當中，從不表達，暗自沸騰？在你的人像中（三角袍裡，如果你有畫的話）寫下你自覺在冒泡的東西。是憤怒嗎？悲傷？厭惡？那我呢？只管寫吧！那些是讓你感受強烈的東西。

現在看看這幅圖。此刻你毋須做任何事，但這能讓你產生強烈的覺知，明白自己受到何種體貼者詛咒的影響。記得每個人能自信溝通的情境與對象都不一樣。

摘要

在這一章，我們更加認識了體貼者詛咒對自己的意義與影響：

- 你會站在「線遊戲」的什麼位置？想想你最為自信和最沒信心的關係與情境。
- 審視自己的「怨恨氣壓計」。
- 留意「全有或全無」的思維習慣。
- 練習人像作圖，看清自己特有的體貼者詛咒造成了哪些影響。

4

對頻：身體在告訴你什麼訊息？

回顧前一章以及你剛剛完成（或僅在腦海中想像）的圖像。你在身軀裡面寫了什麼？你壓抑了哪些情緒？（常見的回答有：憤怒、厭惡、冷漠、不關心、自私、恐懼、殘酷、火爆……）你已經調對頻道，了解自己藏起什麼不讓外界知道，卻讓它們在心裡悶燒。

你的下一個挑戰是，經常與你的身體對頻，認識你的情緒何時以及如何反應在生理上，那跟你的思考（想法）和所做（行爲）又有什麼關係。

當我第一次向個案提起這個事情，幾乎沒人知道我在說什麼，這個概念似乎過於籠統。但我從自身經驗產生強烈的直覺，那就是：體貼者詛咒多少來自我們長期忽略身體傳來的訊息，而只要我們開始與這些信號對頻，就能開始打破這個魔咒。一開始我們有聽見，但選擇漠視，直到這個習慣根深柢固，於是我們再也聽不到或聽來只像飄散在空中的鬼魅絮語。

在這一章，我要你習慣傾聽你的身體，留意它的訊息。那是你的「本眞」，我們可以這麼說。此時我並不期待你嘗試做任何改變，但當你敞開心懷閱讀接下來的幾章，你就能爲改變做好充分的準備。

傾聽身體的訊息

以我拿來當此書開場的故事——手臂骨折爲例。打從跳穀倉舞時摔倒到終於去醫院照X光的十天當中，我收到身體傳來好多的訊息。首先是疼痛——如果手伸得太長會感到劇痛，但通常只是隱隱地抽痛。有時我不明所以地有點想吐。睡眠變得很糟，因爲我始終找不到舒服的姿勢，即便找到了，也會一翻身就被痛醒，因此睡眠嚴重不足，脾氣暴躁。這些（相當大聲的）訊息想告訴我的，我一個都沒聽進去。

這個例子當然很極端，但我想我們不斷接收到來自身體的重要訊息，大部分卻聽而不聞，甚至再也不能聽見。那彷彿像是一個在我們難以接收到的頻道播放的廣播節目。我的很多個案都是從脖子以上在過日子——往往很會分析，既聰明又深思熟慮，卻與身體訊息的傳達完全斷線。

你在深呼吸嗎？是的，我知道，你當然是。但請稍微留意你的呼吸。你正坐在桌前用電腦嗎？我最近讀到當我們在回覆電子郵件時，常會不自覺地屏住呼吸或呼吸很淺。你的呼吸是從胸腔進出，還是胃部會隨之起伏？你正屏住呼吸嗎？即便只是一點點？現在很快地掃描你的全身，在心裡從腳趾慢慢往上掃描到腦袋。你發現了什麼？哪兒覺得熱、冷、僵硬、疼痛？餓、渴、不適、想上洗手間或需要新鮮空氣？此刻你漠視了身體什麼感受？開始聆聽這些訊息，是找回選擇和幸福的途徑之一。

在第十章，你會看到可以做的呼吸練習，但此刻你也許只想先熟悉身體企圖告訴你的話語。

潔西卡忽視尿意訊息

潔西卡，那位想在職場與生活上更加果敢的體貼同事（見第91頁），完全明白我說的傾聽身體是怎麼回事：「那是不是就好像你坐在人群裡，想去洗手間卻不敢說也不敢起身，因爲你不想打斷談話或引人矚目？」「這個例子很好，」我說：「你會這樣嗎？」她表情訝異，隨即很不好意思：「我想我一直是這樣，那完全就是我。」

老實說，你們有誰正同意地點著頭呢？那次跟潔西卡談過之後，我問了很多人這個問題，驚奇地發現竟有那麼多人承認自己常忽視想去洗手間的身體訊息，尤其處於人多的場合時。他們也承認自己有時（或經常）會漠視身體傳來的口渴、飢餓、疲憊或焦慮訊息。但是，也許你自問，那有什麼大不了呢？

你可能曾在媒體或運動時聽過「聆聽身體」這個觀念。瑜伽或體適能老師常要你留意身體，以免過度伸展，傷到肌肉或韌帶。而對頻到身體感受，也能讓你對焦、發現你的情緒。人很難察覺、指認自己的情緒，那不是學校或家庭教育會教的事，但其實情緒非常生理取向，當你開始留意身體感受，也就能同時指出一種情緒，於是那將讓你進一步探索這情緒的可能意義，與你的思維、舉止又有什麼關係。

焦慮也許是最容易辨認的一種情緒，那是我們對周遭感知到的某種威脅所產生的恐懼反應，即便那個「威脅」實際上只是心中的一股念頭（例如回憶）。這是由原始的戰鬥、逃跑、僵住反應機制（身體對於威脅的生理反應）所控制的。下面是莫妮卡如何發現自己的焦慮與想法、行爲間的相互連結。

練習：與身體對頻

每天查看身體幾次。一個好辦法是，在你常用的東西上貼個彩色圓點，像是水壺、電腦、浴室鏡子。每當看到一個彩色圓點就深呼吸，感受身體。

哪兒感覺焦慮、疼痛、緊繃？哪兒感到溫暖、涼意、乾燥、搔癢？你留意到什麼？那與你能辨識的情緒可有關聯？這些都是非常有用的情報，你將開始明白你可能一直（截至目前）忽略的身體狀況。

莫妮卡感到焦慮

莫妮卡，這位燃燒自己、照亮別人的一千瓦燈泡（見第47頁），因公必須參加一週的住宿課程。來到郊外這處美麗的豪宅，她滿是興奮：能脫離日常一週，餐餐有人備妥，再壞能壞到哪裡呢？第一晚她坐在大餐桌前與眾人閒聊，享受美味的家常菜。她覺得有些頭暈，決定稍微觀察身體，留意到自己心跳很快，嘴巴發乾。她還注意到自己不斷灌水，一杯又一杯。

那晚躺在床上，莫妮卡反思自己的行為。她在家晚餐根本很少喝水，更別說喝到五、六杯。

忽然一幅畫面浮現腦海。她坐在家裡與父母、弟弟共進晚餐，因為她一直倒水，爸爸開玩笑說他該直接連個管子把開水接到桌上。媽媽一臉不悅地起身去補充水瓶，儘管莫妮卡一直說應該她去。氣氛十分緊繃。媽媽常生爸爸的氣，她滿肚子怨怒，費那麼大的功夫照料家裡，而老公卻只會開玩笑。他最疼愛的莫妮卡總是大笑回應，這似乎讓媽媽更爲火大。夾在父母中間，莫妮卡記得自己不斷往水杯裡加水。這恐怕是焦慮的替代行爲，她現在明白了。

霎時一切清晰透明：與一群陌生人坐在餐桌前，下意識把莫妮卡帶回童年用餐時的緊張。她感到焦慮，反射性地喝很多水，對人們講的笑話報以大笑及揮舞雙手。這些全都是她記憶中自己小時候會做的事（時常撞翻東西，結果當然更添緊繃與焦慮）。

莫妮卡決定先不進行劇烈改變，而是在心跳加速時保持觀照，記得調息。她知道自己的這種反應，跟她身處多人的社交場合時類似。擔心有人露出一絲不能苟同或害怕緊繃，開啓了她的一千瓦燈泡，讓她不自覺地出於焦慮而過度演出，潑灑能量。

焦慮的肢體反應跟憤怒很像。《星際大戰》裡的尤達說「恐懼導致憤怒」時，眞是所言不差。

哈米胥感到憤怒

老婆煮完粥後，總是把沒洗的鍋子扔在流理台裡，這讓體貼的男士哈米胥（見第87頁）日益惱怒。幾個月來，他始終沉默盡職地負責清洗；黏在鍋裡的東西難洗得要命。他體內充斥著莫名的怒火與厭恨，但因爲不明所以，他無法考慮別的做法，於是這股火氣會無預警地在其他時候爆開。例如當老婆提議看《廚神當道》時，他會猛烈回嗆：「我不知道你爲什麼喜歡這節目，那根本是垃圾！」讓老婆目瞪口呆。或者，他會在上班途中辱罵其他駕駛。（很有意思的是，我發現這是體貼的人宣洩不明怒氣的經典管道，隱身而安全；當然，直到某人因此堵住你的車子爲止。）

每個禮拜我都力勸哈米胥要隨時留意身體動靜。我常在諮商時這麼說：「你的身體現在有什麼感覺？在哪兒？」這對他非常困難，就像對很多人一樣，尤其當我們在成長過程中被灌輸有某些強烈（或所有的）情緒很不妥當，於是我們學會壓抑，直到不再察覺它們的存在。但它們當然還在，並且會以各種形式影響我們的身體。

有一個禮拜，哈米胥來時宣稱他有了靈光一現的體悟。「我跟我老婆吵了一架，」他告訴我：「我可以感覺體內湧起一股腎上腺素。」「太好了，」我說（當然不是指他們的爭執）：「恭喜你留意到了。腎上腺素湧起是什麼感覺？當時是怎麼回事？」「嗯，我非常煩躁，當我看我的手，發現它們在微微顫抖。我只想立刻離開，以免說出可怕的話，但我太太一直問個不停。我當時想，只要我開口，一切就完了，絕對一發不可收拾。但我太太先失控，哭喊著說我是個冷血混蛋、我的臉像空白面具。」

隨著他逐步理解身體的訊息，哈米胥很想知道自己的念頭會讓這些身體感受怎麼樣。當他以這類想法嚴譴自己：「你變成爸爸了！你是個冷血惡魔。瑪麗亞就要發現，然後離去」，這樣的壓力大到令人難以承受，他可以感覺自己整個僵住（「就像草叢裡的小白兔」），這也使得瑪麗亞更爲光火，因爲她覺得哈米胥情感抽離。而當他能冷靜地告訴自己（最終能告訴妻子），他很怕會變得像自己的父親那樣，妻子便得以安撫他，這也讓兩人的感情更加緊密。

下一章，我們將更進一步探討想法（尤其是內在的批判對話）對情緒和行爲的影響。

被壓抑的憤怒

一位聽說我在寫此書的朋友寫信給我：「你可否談談我們對自己憤怒程度所感到的恐懼……我自己可以多麼生氣、那對別人造成什麼影響，都讓我很受驚嚇……那不可避免地導致我對自己能『那樣爆炸』，『爆發後』感到十分震驚，然後對那股怒意造成的後果深感悲慘。」

如同我曾提過的，體貼之人的一種典型模式就是壓抑所有憤怒的情緒，以免與人起衝突。但當然，這畢竟不是根本之道，怒火終究會在無法控制的情況下爆發，造成自己與他人的驚恐。

爲了與伴侶及其兒子相處，亞曼達設計的「怨恨氣壓計」（見第85頁）適用於每個人，那讓我們有機會察覺輕微程度的火氣（例如不快、失望、受傷），在情緒演變成如上所述那樣不妥的暴怒前，能有不同作爲。體貼的人會對自己難得的爆發羞愧不已，拚命設法不要再犯，竭力不讓人察覺到任何怒意，包括自己（就像過往的哈米胥）。於是，他們幾乎不知道如何應付麻煩的人、處境與對話。

我們需要練習，才能掌握面對這些狀況的技巧，避免我們最擔心的預期發生（相關技巧與行爲實驗見第七章與第八章）。

我的一位個案對其憤怒有更具體的比喻，她說那就像烤箱裡，在漂亮酥皮下冒泡的熱蘋果餡。她得拿捏內餡的熱度，不讓它衝破酥皮，壞了整個點心。必要時她會採取行動，像是把它拿出來（讓自己遠離「熱源」，也就是令她煩悶的事物），或平靜地向對方說些什麼。

留意你沒說出口的話

哈米胥的下一步，是開始留意自己什麼沒說出口，不管是對太太也好，對惹他發火的同事也好。這個我稱之爲「刪節」的步驟，是很值得研究的重要資訊，讓我們得以了解是什麼樣的想法（尤其是老信念）凌駕於我們的情緒反應和行爲之上。

看你能否監測自己拚命不對人說出口的話。你可以只是觀察腦袋裡的獨白，也可以試著寫下來，例如在睡前拿出筆記本。書寫常能帶給我們更強的洞察力，但只管依你最喜歡的方式而行。

以下是一些個案自我監測刪節情況的例子。

艾拉刪節了真正的自己

由於青春期被嘲笑、排斥與孤立的慘痛經驗（見第62頁），友誼成爲艾拉生活的一大重心。她費盡心力維繫一大群社交圈，卻始終疑心人們在背後論她長短，不邀她參加某些聚會。「我不是任何人最好的朋友，」她會這樣悲嘆：「有什麼婚禮或施洗禮，從沒人邀我當伴娘或教母。我永遠排最後……」

有一天，我請艾拉開始試著追蹤自己跟朋友相處時，心中所想卻沒說出口的種種，並記錄一個禮拜。成果十分具有啓發性。艾拉發現自己幾乎刪掉了一切讓她自覺跟對方不一樣的事。當大家說他們喜歡某部電影或影集，艾拉立刻點頭，儘管自己根本不覺得好看。當某個女孩哀嘆自己沒錢卻好想去享受水療，艾拉同聲應和，卻沒說自己週末才剛去過。她甚至想到自己的提袋上掛著水療商家的名稱，於是開始盤算要怎麼隱藏或編個故事解釋自己何以有這個袋子。

「那天晚上當我記錄這件事的時候，我開始看到好笑的一面。」她說：「我想如果這是卡通，我應該會把袋子塞進嘴巴，試圖吞進肚子裡湮滅證據！」

透過對自己刪節內容的密切追蹤，艾拉發現青春期的信念依然掌控著自己的行爲：以爲只要隱藏眞正的自我，就能融入那群「酷」團體，得以進入每個派對、跟男生玩在一起。只是現在來到三十好幾，這一套已不再管用，她反而覺得非常孤立，無法跟任何人眞正交心，因爲她從不敢揭露自己眞實的想法和情緒。

我們將在第八章追蹤艾拉如何慢慢地做出改變。

我不喜歡「密謀」這個字眼，覺得那有著負面的、批判的意味，而你應該已經發現我試著避免用評判性的語言。但我還眞難想到更好的詞彙，可以描述我們不敢跟對方說出心裡不贊成的狀態。那又是一種害怕衝突：既然忽視眞正的想法可以獲得和諧，又何必冒險惹人厭？但我們得因此付出代價。我們不敢揭露眞正的自己（我們的價值觀、信念、品味、看法），於是對方永遠不知道我們是怎樣的人。雙方關係受到影響，因爲我們不相信對方眞的喜歡自己；他們可能只是因爲我們跟他們站在同一陣線而予以認同。

我不是說你應該馬上開始只講眞話，全部都是眞相，別無其他。別讓我在你的完美主義清單（見第五章）中又添一條「應該」。不，此刻我只是鼓勵你開始留意腦中眞正的聲音，先別忙著回應。稍後我們會再多談。體貼的媽媽柯絲蒂（見第77頁）提供了很好的例子。

柯絲蒂刪節了真正的感受

有一天，柯絲蒂的母親過來喝茶。屋裡沒怎麼收拾、麥斯沒訓練好上廁所、茶不是用眞正的茶葉泡的，將這一切看在眼裡後，母親開始大肆抨擊柯絲蒂的弟媳安琪拉。柯絲蒂的腦袋裡響起這樣的獨白：「天哪，你眞是個惡毒的老女人。你嫉妒安琪拉，因爲她嫁給你的寶貝兒子，偏偏她又不是你幫忙選的對象。我可喜歡她呢，她是弟弟這輩子最棒的禮物，我才不要聽你這樣說她。」然而，柯絲蒂眞正做的是軟弱一笑，輕聲抗議這些苛刻的評語（「噢，媽，我想她對孩子們已盡了全力」），並試著提出不同觀點，但語調、聲量、肢體語言毫無力道。

我絕非在批評柯絲蒂。母親的出現，強烈啓動了她的內在小孩，而即便她只是說出一絲自己的想法都已經非常勇敢，足以在她的恐懼排行事項中名列前茅（我們在第八章會談及）。能留意到她內在的反對聲音也是了不起的第一步，因爲自覺幾乎一定會帶來改變，只是要看時機。

亞曼達刪節了真正的渴望

我們在第三章見過體貼的伴侶亞曼達（見第82頁）。她開始留意身體透過胃病傳達的訊息，意識到那跟她沒能表達的憤怒有關——她實際上是「呑下」了厭恨，灼傷了自己的喉嚨和胃。

她開始追蹤我們稱作「怨恨氣壓計」的東西，每當自己應下心裡不願意的事情、主動去做並不想做的事（燙衣服、煮飯）、夜裡想握杯熱巧克力躺在床上看電視並任由電話響兩個小時，就注意自己的身體反應。

我請她試著留意並寫下那些在腦中打轉卻沒說出口的話。很快她就有了被她刪節的具體範例。比方說，對那青春期的兒子說：「請不要把濕毛巾放在烘衣櫃上面」、「今晚我不想玩《決勝時刻》」、「我想跟你爸爸有些獨處時刻」、「我覺得你說起女生的語氣很不禮貌，在我面前請不要這樣。」沒對男友說出口的話有：「等我看完電視劇《謀殺》再打給你好嗎？」「這個週末我想留給自己；我下週再去看你。」「謝謝你，但我不想晚上十一點被拍肩膀說要上床。女人是需要前戲和挑逗的。」

往往，個案在諮商室提供的安全感下，能把眞正想說的話告訴伴侶。這種毒液似乎來自最甜的嘴巴。「我們是不是能想一種安全的方式，讓你能對伴侶說出一些眞心話？」我問。通常對方聽了會深吸一口氣，猛烈搖頭。「老天，不行。我不能對他／她說一言半語。」「爲什麼不行？你在怕什麼？」我問。他們常顯得驚嚇無比：「他們一定會立刻消失」（或類似這樣）。怕失去伴侶或伴侶的愛，似乎是讓他們緘默的原因——無語，但內心翻滾著厭恨和憤怒，而我始終說，那將像毒氣一樣瀰漫開來，而伴侶絕對能（在某個程度上）意識得到。

我們將在第八章和第九章探討勇敢道出難以說出口的話的安全方式，此刻我們先看何以我們要刪節眞心話？原因很多也很複雜，但可能都能歸因於第二章談到的兩個主要因素：迴避憤怒與尋求認可。柯絲蒂既想避免母親的不悅與反對，也希望讓她更開心和得到讚許。亞曼達做盡一切她認爲必須要做的事，希冀贏得伴侶的愛和認同。但有時候，生命中就是有些人會讓我們覺得我們沒資格去感受並表達自己的情緒，尤其當這些情緒是負面的時候。

拍賣悲慘

我最早的個案之一雅麗安娜，想出「拍賣悲慘」這個妙詞以紀念契訶夫（Anton Chekhov），那精采而黯淡地以十九世紀俄國生活呈現人們苦難的作家。我初識雅麗安娜時，她的處境非常艱難。作爲身處異域的單親媽媽，沒有親人、沒有伴侶，咬牙獨力養育孩子。此外，孩提時起最要好的朋友（她最重要的情感關係之一）仍不時向她索取金錢上與情感上的支持，卻吝於在她需要時聽她傾訴，這使她非常受傷。

聽著雅麗安娜淚訴兩人的對話，我不禁覺得這位朋友似乎總要用她自己的問題來「打敗」雅麗安娜的困境：「啊，是啦，但你至少有媽媽，而我媽早已過世了」或：「但你至少還有孩子，我是找不到男人了。」

非體貼者族往往會困惑地搖頭：「幹麼還花時間在這種所謂的朋友身上？離開這種人另找新朋友啊。」他們霸氣地指點我們。但事情當然沒那麼簡單。某個程度上，體貼的人很相信這種拍賣悲慘的朋友，自認比對方「幸運一點」就應該感到虧欠，並對這單向的友情付出無盡的同情、聆聽與支持，期使（往往不自覺地）對方能感覺好些。

如果你回想童年，這種反應通常有其歷史淵源，你生命中某些關鍵大人形塑了特定的規矩和信念，像是：「假如我讓這個人開心一點，他們就會對我好一些。」

眞正幫到雅麗安娜的是，我告訴她情感痛苦並沒有高下之分。爲了幫你打氣，立意良善的人常會提醒你，你生命中還有哪些好事（「哪，至少你還有工作/家庭/婚姻/雙腿……」），或是要你想想非洲挨餓的兒童、近來遭受天災的難民，就知道你其實多麼幸運。但這只會讓你感到羞恥，覺得自己不應該不開心，那在某種痛苦排行榜中簡直不值一提。對於體貼的人來說，這往往與你根深柢固（通常起於童年）的信念「你沒什麼價值」相符，所以你相信自己的痛苦不能與他人的相比。這個觀念讓雅麗安娜感到海闊天空，因而能挺身面對那習於操弄她的朋友（並找孩子的爸爸出點錢）。

我們一起更新了她的比喻：她不要參加悲慘大拍賣，決定私下處理自己的問題，更拒絕爲朋友的拍賣品感到愧疚。

你是否刪節了自己的意願，過度付出？

過程通常是這樣的：我們對某人有眞正的想法，但刪掉了。我們隨即爲自己那樣想而感到惡劣、自責、愧疚，於是便做出體貼之舉以爲彌補——也許是提議去做我們並不想做的事（「我們去吃晚餐吧！」或「不然你來我這裡過夜吧！」或「不然我幫你做？」），也許是說些不太誠實的貼心話（「哎，你這可憐的小東西，那聽起來真可怕」或「對呀，他們竟敢這樣對你？」）。

蕾貝卡（之後你會讀到她的故事，見第316頁）用非常生動的意象說明她的感受：「就好像我有『體貼者嘔吐毛病』！」她說：「很多話會自動從我嘴裡出來，彷彿我無法控制，而當我意識到時已經覆水難收。我主動提議，卻根本沒考慮到自己是否願意。通常我幾乎馬上就知道我並不想，但已經來不及了。」

我想很多人都能認同蕾貝卡的比喻。與其羞慚，輕鬆面對我們亟欲打破的舊習是件好事，但當嘴巴自有生命時，我們該怎麼辦呢？我們需要停頓、間隙，一點讓我們能用理性思考的小小空間。最好的方法之一就是我在第108頁所談的專注於呼吸（或進行第289頁的呼吸練習），這可以讓思考能力發揮——就是這個部分，它可能會這麼告訴蕾貝卡：「別邀你的室友一起去公園。你想要獨處。你一開口馬上會後悔的……」

摘要

我們已經看到經常與身體對頻，我們便可找出情緒的生理表現，而這一切又跟我們的思考和行爲如何牽連。

- 別再忽略身體的訊息。
- 用第108頁的練習查看自己的身體。
- 留意自己「刪節」了什麼。當你找出你不想要（做或說）的事，能否試著點出你想要什麼？

5

揭露你僵化的個人守則和信念

在前一章，不管你對頻找出了什麼，其背後有什麼樣的個人信念與守則呢？我們此刻發現存在的種種生理感受、情緒、話語，之前爲何會予以忽視或刪節？什麼樣的訊息告訴我們，不能對它們加以留意或採取行動？也許是有關我們自身的訊息？例如：「我必須隨時保持禮貌」，或「我必須一直順其自然」，又或是「我絕不能引起矚目／衝突／不和」。而在每個念頭與行動背後，又存在著什麼樣的恐懼呢？

想像自己在考古挖掘

想像你是位考古學者，正在進行一趟重要的古物挖掘。甚至你可以想像自己正出演那種老片，裡面一堆人穿著卡其馬褲、頭戴遮陽帽，搶著找出埋藏的寶藏或古卷。我要你去想像的部分是，你準備挖出那些寶貴的歷史文物，揭示當時的社會樣貌及其對今天的意義。

首先，你拿一種特殊的鏟子小心地挖穿幾層土壤，等你碰到可能很重要的東西，就改用小軟刷，仔細拭去沾在其上的塵土，直到終於可以讓它問世，而你也開始展開分析和破解的過程。

但就像我們從電影《法櫃奇兵》系列學到的：英雄來到古代的寶藏前，必得克服重重阻礙。其中最艱鉅者，往往是那些無論如何不讓印第安納瓊斯得逞的壞蛋，他們總是全副武裝，冷血祭出槍彈、弓箭、火與毒。

批判性思維——看守古卷的猛獸

對我們個人而言，不斷盤旋腦中的批判性思維，就相當於電影中那些壞蛋。這些內在的批判對話就像看守古卷的猛獸，緊盯著我們開始挖掘的守則和信念。當我們想質疑某個既有的生存守則，或自己是誰、應如何應對進退的信念，這些武裝流氓就會揮舞著槍、箭和噴火器，威嚇我們後退。我們似乎寡不敵眾，但就像印第安納瓊斯總能安然脫身，我們也能找到出人意表的途徑，跟這些內心霸凌者一較高下。

批判的聲音——辨識它屬於誰

我們對自己的批判性思維是如此熟悉，以致我們可能從未想到要問，它們究竟屬於誰。聽來很怪，我們一直以爲那屬於我們自己，但當我們仔細聆聽，可能會發現那聲音有種口音、語氣、措辭，跟自己平時講話不同。這是因爲一般來說，批判性思維來自我們過往的某些重要人物。儘管他們現在也許仍頗具影響力，但已與我們的童年與青少年時期不能相比。所以是誰在說：「笨死了你。你永遠不會做對！」或：「你真自私。快去幫那個人！」或：「你是個魯蛇。你永遠不會有男朋友/獲得升遷/得到幸福！」（我故意用驚嘆號，因爲我覺得這類聲音往往十分刺耳，也許那就像對著全班吼叫的老師。）

你不妨寫下那個批判聲音可能會說的話，並在平靜時拿來讀，看你是否能辨識誰曾這麼對你說話。我的一位個案發現，她聽到了總是碎念她的祖母的匈牙利口音，另一位是長期教她的溜冰教練。當然，其中很多聲音是屬於父母。假如你說自己是個「壞女孩」（或「壞男孩」），這很可能是來自童年。而當這個批判聲音罵你是「魯蛇」，那可能是來自青春期某位同儕或手足。這樣的辨識過程很能解除這些內在抨擊的力道。當你明白其實是祖母、教練、校園賤人在你腦中作怪，你就能以理性的成年腦與其論戰。

柯絲蒂的批判合唱團

我們在第三章見過的體貼媽媽柯絲蒂，經過三年全職母親的身分，飽受低自尊和低自信之苦。在我們諮商期間，她決定接受按摩治療師訓練。要在照顧小孩跟種種責任當中找出時間和力氣其實很難，但她完成了課程，拿滿客戶培訓時間並順利畢業。

某一週她前來諮詢，整個人顯得低落又沮喪。她說前一天碰到一件可怕的事，讓她決定放棄新事業。

「究竟發生了什麼事？」我問，腦海中浮現了可怕的畫面。

「呃，」柯絲蒂說：「我在銀行排隊，準備存進我經營事業三個禮拜來賺的錢。區區二百英鎊，但真的是血汗錢。」她繼續說，當她好不容易來到隊伍前面，卻找不到現金。她瘋狂翻遍每個口袋、手提包，甚至記事本的祕密夾層，什麼都沒有。她跟我說當她拚命找錢的時候，腦子裡的批判聲音膨脹到刺耳，「彷彿來自地獄的瘋狂唱詩班。」

「它們說些什麼？」我問。

「它們說：『你眞夠笨的！你以爲自己是誰？哈！我早知道會這樣，你什麼事都弄不好。現在在銀行排隊的每個人都知道你是多蠢的魯蛇。哈哈哈！』」

這番回顧似乎讓她陷落。「那聲音好冷酷，一直在嘲笑我，毫不留情。」她打了個冷顫，陷入陰鬱的靜默。

「聽起來它還盤踞在你肩上，」我說：「你能想辦法把它趕走嗎？能不能找到個仁慈的聲音對付它們？」

柯絲蒂想了一下，閃過一絲微笑。「我剛過世的祖母一直很挺我。不管別人怎麼說，她就是認爲我可以。」她哭了起來。

「她會對那聲音說什麼？」我輕輕地問道。

一段長長的靜默，然後柯絲蒂操起北方口音大聲說：「滾開，別惹她，你們這群無恥的大混蛋！去找同樣身材的對手啊！」柯絲蒂笑了起來：「我祖母總是那麼激動，根本不管什麼儀態禮貌。她就是挺我到底。」

柯絲蒂那天離去時發誓，只要腦中浮起惡魔般的批判，她就去尋找祖母的聲音。隔週她來還帶著更棒的計畫：「現在我用一條金鍊子把祖母的結婚戒指掛在脖子上。摸著它，我就能感受到她的愛與支持——還有髒話！」

削弱批判聲音的力道

隨著輔導觀念的演進，人們把認知行爲治療的原始概念與其他概念融合，成爲所謂的「認知行爲治療第三波」。這當中有許多採取了數世紀以來佛教禪修的智慧，一般稱爲「正念」。「接受與承諾療法」即爲其中之一，澳洲醫師羅斯・哈里斯（**Russ Harris**）以非常平實的手法寫成的《快樂是一種陷阱》（*The Happiness Trap*）當中有很棒的介紹。他在書中談到許多讓你脫離、觀察、甚至嘲弄自己批判性思維與對話的技巧，包括把它們置於「生日快樂」之類的一首名曲中、用滑稽語調將之說出、想像它們正從廣播節目播出而你可以從容關掉。

一位飽受暴食之苦的個案說，她每次陷入大吃模式後就會採用這種方式。「當我暴飲暴食之後總是會自動浮起一大堆我又軟弱又肥的負面想法，但我就用荷馬・辛普森的語氣來對付。我想像辛普森說：『你眞～～～醜啊』，那眞的減弱了它的力道，讓我笑了出來，然後我就可以放下它或以重述來對付，端看這些念頭再三出現的程度。」

接受與承諾療法的其他技巧包括接受念頭，像是「我注意到我有這樣的想法……」，藉此讓自己與念頭分開，明白它們並非事實，你是獨立於外的個體；或視它們爲老友般地打招呼：「喔，哈囉，又是你！」謝謝它們提醒你是個又肥又蠢（放進你自虐的負面思維）的魯蛇。還有一個做法是「將故事命名」，例如：「啊，又來了，『我什麼都做不好』的故事又出現了。」

前英國國際橄欖球員布萊恩．穆爾（Brian Moore）曾在一次訪談中揭露，自己從未能享受勝利，總是有股歹毒的聲音對他說，這次算他走運，實際上他是個騙子和輸家。他談到自己如何學會視它們爲「咕嚕」一族（《魔戒》中的叛徒），說自己謝謝對方的關心，然後叫他「立刻滾開，別再煩我」。

另一個方法是找個有力的保護人，此人可以來自目前或過去（例如柯絲蒂的祖母），讓他/她挺身爲你發聲，要這些批判聲音別再騷擾你；或許還加上給你的鼓勵：「親愛的，你會很棒的，我知道。你一定辦得到」，或是你需要聽到的任何話。

正念戰鬥

幾年前我在班戈大學參加一場爲期八週的正念冥想課程。爲了凸顯我們常怎樣被自己難搞的、批判的思維「攻擊」，兩位助教做了一場令人印象深刻的演出：一位靜立不動，另一位對其作勢攻擊。前者演繹出這種情況下三種最常見的反應。第一種：保持不動，任後者擺布（亦即「僵住」）。但這沒有用，即便「受害者」躺倒在地，攻擊者仍持續迫害。第二種反應是躲開後者（亦即「逃跑」），但後者當然繼續追逐。第三種是回擊（亦即「戰鬥」），遂有吵鬧劇烈的拉扯表演。值得注意的是，這三種方式都有明顯的能量增長（就在眼前）。同樣地，這三種回應（基本上就是戰鬥、逃跑、僵住）帶動的能量，都在針對充滿攻擊的負面念頭。

兩位女性接著演出與攻擊思維相處的正念途徑：受害者面向攻擊者，牽手與之共舞，仰首且姿態敞開。這代表著「慈悲的好奇」——我很愛這個名詞，我覺得那包含著主動和開放，又仁慈探索。我曾與許多個案提起這個演出，他們多半很喜歡用這種態度回應自己的批判性思維。他們常以類似羅斯·哈里斯醫師建議的話語，練習慈悲的好奇，像是：「啊，又是你。不知道你今天現身的理由何在？」但語調溫柔。

以慈悲的好奇看待自己的信念

回到考古的比喻，當我們帶著慈悲的好奇面對代表自己內在批判的恐怖守衛，就能小心翼翼地將寶貴的古物帶到陽光下，照以探索的慈悲火炬。問問自己：「它們來自何處？那是什麼樣的規矩和信念？」最重要的一點是：「理性自覺的成年我，依然相信它們嗎？」

信念非常強大，影響所及不僅於行動。亞倫・貝克將此分爲三個區塊：我們對於自己、對於他人、對於世界的信念。他又分出「有條件的信念」：「如果（這樣）……就（那樣）……」，以及「根本信念」：通常深植於心，連結至我們相信自己是誰的本質（「我是X或Y」）。

莫妮卡與艾拉看見部分的守則和信念

我跟燃燒自己、照亮別人的莫妮卡（見第47頁）一起深入她外宿那週遇上的頓悟，明白身體的焦慮反應（心跳加速、口乾舌燥）是來自她在家裡餐桌上常有的反應（見第112頁）。

「我想那守則大概是維持平靜，讓大家開心……像是：『我必須竭盡所能緩和緊張，讓大家保持冷靜。』」

「不然會怎樣？」我問。

「不然，我想我會很慘；我大概會被媽媽處罰。」她也挖掘出這樣的有條件信念：「如果我沒付出所有精力，人家就不會喜歡我」；對他人的信念是：「女人善妒而危險」、「男女互相敵視」；對世界的信念是：「你得奮力爭取每樣東西」；對自己的根本信念則是：「我很壞」、「我不可愛」。

因「刻薄女孩遺緒」而陷入社交困境的艾拉，意識到自己不斷刪節生命中的好事，以免導致所謂的朋友難過、生氣或嫉妒。

「這種行爲底下的守則和信念是什麼？」我問她。我們共同找出以下清單：

「我絕對不能與眾不同」，「我不可以發表不同意見招致注意」，「我要融入大家，保持低調」，「如果不屬於這群人當中的一分子，我永遠找不到男朋友」。

讀到這裡，你可能會想，莫妮卡與艾拉的念頭實在是瘋狂又不理性，但問題就在這裡：我們原始的守則和信念往往並不理性，因爲我們在還沒發展出較高階的思考能力前就相信了它們，而那時我們幾乎無法主宰自己的生命。

練習：劃分責任

這個練習能帶你檢視童年以來那些不曾探討過的無益信念，像是「那都是我的責任」（例如讓大家開心）、出了任何差錯時

「都是我不對，要怪我」或「我是壞女孩／壞男孩」等等。

你可能還記得小學數學學過的圓餅圖，你可以在腦海中把它切成幾塊：

- 在紙上畫個圓，想想生命中某個關鍵課題——你自覺有責任卻又愧於做得不夠。
- 自問：眞正該爲此負責的是誰？把答案寫下來。
- 接著，把圓餅分成幾塊，在每塊上面寫下擁有者的名字。不要多想，讓潛意識挖掘出眞相，別給你向來那些「應該怎樣」主導局面的機會。

以下是茵迪拉（見第24頁）做這個練習的內容。她的問題是：誰該負責照顧爸媽？她把圓餅給了爸媽各25%。「畢竟他們並不體弱多病，生活幾乎都能自理。」她又把剩餘的一半分成四等分：兄弟姊妹各一。「只有我沒結婚生小孩，不代表我一個人得隨時待命。」

這讓茵迪拉頓時看清，不用覺得責任全在自己，無法分身時不必感到愧疚。她寫信給手足們說，自己將忙著找新工作與網路約會，大家得分攤照顧父母的應盡之責。「我口氣有點差，」她跟我說：「但這件事拖延太久了。實際上，我很驚訝他們大都坦然接受。這讓我多出了很多空間，腦袋如此，行程也是。」

當個案這樣看待童年課題，他們往往會意識到那根本不是他們的責任。他們長年自責（像是自己活該受虐，因爲自己不乖；因爲自己不可愛、不聽話，所以爸媽才會離婚），卻驚訝地發現沒有給自己好好分配一片餅。

舊有的負面觀感不會一夜之間消失，但這絕對能潛移默化。成年的我們理解到童年信念並非事實，這實在是一種解放，能徹底改變我們當下的思考與作爲。茵迪拉被家庭的重量壓到無法喘息，一旦得到解脫，她感到自己終於能再度呼吸，並且能小步小步溫暖地重新掌握人生。

把「應該」改爲「可以」

這是我多年來最受個案捧場的工具之一。很多人在一系列情緒緊繃（挖掘痛苦的孩提記憶、挺身面對父母和伴侶、勇於改變人生艱難的面向）的輔導尾聲告訴我，幫助他們最多的是「把『應該』變成『可以』，那眞是顚覆人生」。

所以我在此介紹這個備受歡迎的輔導工具。

這個理論再度來自亞倫・貝克原創的認知行爲療法。貝克寫道，焦慮、憂鬱這類情緒障礙，多少來自不健康的思維模式（尤其是第一章提及的「僵化的個人守則」，我深信那對我們的舉止和信念影響深遠）。這些守則非黑即白、一分爲二，毫無其他選項，也沒有灰色地帶，例如成功或失敗。對有三個孩子的過勞媽媽蘇西（見第31頁）而言，她「僵化的個人守則」之一是：我應該始終是平靜又關愛的媽媽；我絕不應該叫罵孩子。當她無可避免地對孩子怒吼時，就感到無比挫敗，因爲她沒能遵守自己的條款。

更糟糕的是，打破自己那（無法企及的、完美主義的）「僵化個人守則」背後的意義。對蘇西來說，那意味著變成自己的母親，相對（當然，非理性地）意味著孩子長大後會恨她，完全不想跟她往來。更可怕的是，他們在心理上和情感上會嚴重受傷。蘇西甚至可以看到（又是非理性地）孩子長大後一貧如洗、無家可歸，在倫敦滑鐵盧橋下的紙板箱裡乞討。這類極端的念頭和影像讓我們恐懼不已，我在第八章將有更多著墨。

我還常跟霍洛威監獄的夥伴們分享的日常例子是，我趕著上班的早晨那些「應該」時刻：急著出門，水槽裡一堆沒洗的早餐碗盤（說不定還有前一晚的）。我會跟自己說：「你『應該』要把這些東西清洗好的。」因爲沒有這麼做，我的批判性思維就會加以譴責：「你眞是個懶惰的主婦，眞失敗，連洗碗都辦不到。有夠可悲啊！」

好，如果你把這段話的「應該」改成「可以」會怎樣？「我『可以』把碗盤清洗好的。」對我而言，這時馬上出現了選擇權。「我『可以』把碗洗掉，但此時我選擇不要。」你聽，這讓人輕鬆多少？看到溫和的「可以」，你的肩膀是不是放鬆下來了？因爲「應該」本身就讓人自我譴責，立場嚴厲，令我們很不快樂。

這些例子應該包羅萬象，從你人生「應該」如何（「我應該要結婚」、「我應該功成名就」……），到看似雞毛蒜皮的小事，諸如「我應該隨時塗著口紅」或「我每天都應該喝下兩公升開水」。其中一些觀念作爲生活方針不錯，但如果太過僵化就可能把你困在牢籠裡。

擺脫「應該」的牢籠

幾年前，我請了一位室內設計師幫我挑選屋子裡該塗什麼顏色的油漆。當時我一定特別沒有安全感，或者像朋友說的被「住宅羞恥」所困。十年前我自以爲很美的地中海色調，在這位時髦現代女士略爲不屑的口中，成爲「托兒所顏色」、「像墨西哥小酒館般誇張」。在好一陣嘆息、過濾各種灰色調後，她拍板敲定：「我想你該把一樓都漆上高級塗料法羅鮑爾（Farrow & Ball）的大象氣息色。」這對來自另一個星球、時代、文化的人來說，若不令人捧腹，至少也是教人摸不著頭腦吧。

「大象氣息」該是什麼樣的顏色？應該跟大部分的氣息一樣，透明？不過在當時，那可是時尚頂尖，相信我，英國一些最時髦的牆壁都塗著法羅鮑爾的大象氣息色。於是我乖乖地買了樣品漆，塗上襯紙，貼在電視旁的牆壁。然後接下三年，我飽受那塊區域的折磨。每當我勞累了一天倒在沙發上，想從電視得到一點撫慰或放空，心中就浮起這個念頭：你「應該」把客廳漆成大象氣息色。伴隨這個「應該」，你能想像所有的批判性自語：這屋子真是醜斃了；看起來像個墨西哥酒館；你的品味有夠差；你真是不諳世事的失敗者；未來十年你都別想邀任何人上門，除非塗上法羅鮑爾的大象氣息色⋯⋯。不誇張，當我聽憑那位時髦小姐擺布，整整三年，那間客廳、甚至整間屋子已喪失了對我的魅力。（如果你想知道，現在我重拾自信，把屋子都塗上一種不時髦但很可愛的淺灰藍，這讓我覺得平靜有活力。）

對於體貼、善解人意的人來說，種種「應該」把我們困於自造的牢籠中，不知如何脫身。這多半來自不安全感與比較心理。當我們對自己、自己的價值觀、品味與標準感到有自信，就不會在意旁人對我們家裡的牆壁顏色、水槽狀態或孩子大考成績作何感想。但是當然，在這高度消費主義的現代社會，市場行銷讓我們多方面自認不足（於是去買讓我們覺得「對」的商品和服務），而時時安然自信的人更是絕無僅有。

練習逮住你的「應該」

試試這個實驗。一天就好，我要你試著逮住自己使用「應該」這個詞（不管對你自己或對他人）。看你能否當下覺知並即時改為「可以」，然後觀察自己隨後的想法、感受與行為。願意的話，你可以實驗多天，記下筆記。但那並不是「應該」……。

以下是多年來我從自身與個案們那裡累積來的種種「應該」：

- 我應該把客廳漆成大象氣息色。
- 我應該減個六公斤。
- 我應該更健康。

- 我應該每天吃五份蔬果。
- 我應該跟伴侶更常做愛。
- 我應該停止悲悼了。
- 我這年紀應該結婚了。
- 我每天應該刷牙兩次。
- 我應該更常打電話給老媽。

你的個人權利法案

在你能做出改變之前，你得先相信你有這個權利。美國訂有權利法案，保障公民權賦予的種種個人自由，學校有教，眾人皆知。我首次眞正意識到我們都有屬於自己的權利法案，是讀到安．迪克森所寫的《女人有權做自己》，她在其中列出十一項基本人權。它們聽來也許平淡無奇又簡單，但你可能從沒認眞想過，並可能（不自覺地）抱持童年以來或社會給你與此對立的觀念，而難以相信這些法案也適用於自己。

個人的權利法案包括：

- 我有權表達自己的感受、意見和價值觀。
- 我有權做自己。
- 我有權說「不」。
- 我有權犯錯。
- 我有權改變自己。
- 我有權說我不懂。

- 我有權不爲其他成年人的問題扛責。
- 我有權先考慮自己。
- 我有權不以他人的看法爲先。

個人的權利法案是你進入下一章的基礎，讓你不僅知道自己有權改變作爲，也因這種改變而深化了這些不同以往的可貴信念。

摘要

這一章提出一些實用的觀念，幫助你洞悉體貼者詛咒背後的個人信念並加以克服。

- 質疑你的批判性思維和「久遠的」個人守則。
- 擊潰批判的聲音。
- 試做「劃分責任」練習（見第147頁），讓你以新的視角審視某些觀念。
- 把「應該」改成「可以」。
- 熟知你個人的權利法案。

6

因為你值得：體貼並善待自己

一般來說，體貼、善解人意的人，其自尊及自我價值偏低，非常仰賴他人的認可才有良好自覺。記得第二章卡爾．羅傑斯的內在與外在評價中樞（見第60頁）嗎？身爲體貼、善解人意的人，應多強化我們的內在中樞，亦即來自我們自己，而非他人的觀點。

我們大概都認識自我權利意識很強的人，對這種人感到佩服或頭痛。其實，我們都需要一點那種意識，我會分享一些辦法。每個人的差異很大，儘量保持開放，看你覺得哪些可以嘗試。

救贖轉折的迷思

這個概念來自一位編劇朋友。「好萊塢要求每個故事都要具備所謂的『救贖轉折』」，他告訴我：「比方說，典型的男孩遇到女孩、男孩失去女孩、最後男孩擄獲女孩芳心。救贖就在其中一人或兩人當中歷經戲劇性的性格變化，通常是強烈的自省或頓悟，讓他們走向美滿的結局。身爲觀眾，我們常比主角先知，這使得劇情更有張力。」他又說，不僅電影要有這種情節，影集亦然，例如《六人行》的主軸之中有許多小軸線，像瑞秋跟羅斯會不會在一起？用這個角度看電視或電影，你會發現這樣東西的頻繁出現（當然，例外也不少。通常被稱爲「黑色」或「藝術影院」的作品，往往會更接近眞實生活）。

救贖轉折的問題是，我們因而懷抱虛幻的希望。我們在年輕時便已沉浸過深，遂渴望所愛之人（他們往往讓我們失望、沒依我們期望的方式愛我們）將猛然醒覺，給出我們期盼的愛和欣賞。這當然很少發生，因爲人就算能夠改變，也是曠日費時。就如演員布萊德．彼特受訪所言：「剛入行時，大家教我要有角色弧線，要有頓悟時刻。經年累月下來我發現，那根本是鬼扯。要改頭換貌很難，你只能逐步演進。」

但因執念過深，我們很難自己改變（唯一能夠掌握的改變），因而始終期待他人變成我們希望的樣子。我發現不僅對伴侶如此，面對父母、手足（程度少一點）、當然還有朋友時，這種執念都很強烈。

當我發現個案有此情形，請他們描述對於父母或手足的期待，他們常期待後者(1)爲其行爲道歉，(2)保證他們的愛和與有榮焉。那種理想說詞大概長這樣：「親愛的，我知道多年來我是個差勁的媽媽／爸爸／哥哥／伴侶，犯下很多離譜的錯，但我愛你遠勝一切，我非常以你爲榮。請原諒我，讓我們重新開始吧。」

成為自己的救贖

改寫一下互助團體常用的「寧靜禱文」：當我們致力於改變所能改變的（並接受無法改變者，且具備了解這兩者差別的智慧），就能帶來屬於自己的和緩救贖。

爲自己帶來救贖，主要在：把悄悄期待他人付出的愛與關切，送給自己。英國廣播公司電視影集《修道院》，描述送一群女性去修道院，看能否爲她們的苦惱找到出路。其中一位非常不快樂、鎮日哭泣的婦女銘刻我心。之前她已提及自己有個悲慘童年，爸爸酗酒，媽媽嚴厲又挑剔。如今自己有四個小孩，卻不時想要自殺，盼望獲得平靜。影片中，與她單獨對話的修女年約九十二歲，語音輕柔，充滿慈愛與智慧。

「我相信你是你親愛的孩子們的好媽媽，」這位仁慈的修女說（或類似的意思）：「現在你要像對他們那般疼愛你自己。當她恐懼時給予她撫慰，鼓勵她，好好餵養她，並讓她休息。你有這些能力，你得把它們也用在自己身上。」

這名婦女從沒這樣想過，但能想像其效果。看她淚如泉湧地坦承她一直像個嚴格、不斷挑剔的母親（如同她媽媽）一樣的對待自己，而現在她眞心想以給孩子的溫柔慈愛來呵護自己時，十分令人動容。

我不認爲要有孩子才能具備這些能力和性情。想想你疼愛的小孩（也許是親戚或乾兒子、乾女兒）與你的相處——當他們難過、害怕時，你對他們說的話。對寵物的關愛也是好榜樣。基本上就是努力當自己夢想中那般慈愛、支持的父母。

自我照顧的極致

雪柔・李察森（Cheryl Richardson）所著的《極限自我呵護之藝術》（*The Art of Extreme Self-Care*），是我愈來愈喜愛的一本書。書名本身頗引人深思，巧妙點出要妥適地呵護自己，當中實藏著許多風險、威脅及恐怖。體認到並把自己的需求擺第一，即便只是偶爾，這樣的觀念如此驚悚，足可媲美飛行傘、高空彈跳這類「極限」運動。

自我肯定

雪柔・李察森頗具挑戰性的建議之一是：每天告訴自己，你很愛自己，由此建立自愛。就這麼做。每個早晨望著鏡子說：「我愛你（放上你的名字）。」

別偷笑！別說身體力行，光是讀就夠難了。我很確信這麼做的意義，但我怕自己一開始就不行，因爲內建的防衛機制太強了。但我一位非常聰明、高度專業的個案辦到了。她說這是她做過最難的事情之一（她具備一流學府的幾個學位），效果卻也十分神奇。當時她人生各個面向都布滿荊棘——離婚、功能嚴重失調且從不伸出援手的家庭、工作壓力大、感情很好的親人罹病去世，讓她幾乎撐不下去。她告訴我：「那天有人對我說：『你看起來很開心』，我才發現那是大約一年半以來，我第一次早上醒來感到快樂。」當然，她有進行諮商，生活與情感關係也做了些調整，但她自認每個早晨和晚上對鏡自語「我愛你，蕾貝卡」，是帶來幸福的契機。

上述的「我愛你」自我肯定，恐怕是我碰過最大的挑戰之一，但你可以隨你想改變的事項自創金句。當我在霍洛威監獄教導心理學，自我肯定的效用出人意表。她們最喜歡的句子之一是：「我在打破舊習，往前邁進。」她們喜愛其中的正向與積極，而她們幾乎也都身體力行。

打造肯定金句唯一的指導方針是，不妨以「我正在」開頭，佐以正向、現在式的內容。你可以說：「我在學習對自己仁慈寬大」，或「我在學習拒絕消耗我精力的事情」，或單純一句「我是個好人」。也不妨大聲說出或在腦海中默念。爲求最大效果，對著鏡子說，有空就做。

「一日三好事」日記

如我前面所言，我們很多人來到成年階段，發現很難想出什麼關於自己的好事。自我批判已深植大腦神經，成爲自我對談電腦的預設狀態。寫「一日三好事」日記（或就記在手機）能讓你培養出比較寬大和更加有益的思考習慣。

能夠開始留心本身擁有的優秀特質，爲此鼓舞自己，這相當重要。這也是自我救贖的一環——你得先爲自己行動。

這個理論源於正向心理學風潮，一九九〇年代由馬汀．塞利格曼（Martin Seligman）等人所創，強調應覺察並培養自身的強項與韌性，而非聚焦於缺點和不足。這股風潮建立起龐大的研究證據，顯示專注於正面的確能帶來心理健康的顯著改進。

藉著「一日三好事」日記，確實寫下正向思緒，在腦中生出新的神經迴路是有可能的。其概念在於：努力記錄當天所做的至少一件好事（一開始若想不出三件好事不要緊），兩週後，不用書寫你也能想到新的、有關自身的有益思維。

儘管個案們多覺得此舉不易，持續不懈的那些人則說，這對提升他們的自我價值感和自尊，成效斐然。當你了解你其實可以海納一切你原本會忽視（「喔，誰都會這麼做呀！」）或認爲理所當然（「但我本來就會準備晚餐」）的行爲，這件事就不再那麼困難。你要留意的並非那些特別的事，而是平常事。

在每件你所記錄的事件旁邊，寫下這件事所凸顯的你的特質。舉例而言：「我買了些水仙花擺在桌上。我很有創意，思慮周密，富有愛心。」想想你會如何形容有此舉動的好友，成效會不錯。保持其隱蔽性，以免帶來攻擊你正向思維的批評聲音，說這些事情微不足道、滑稽可笑、自以爲是等等。採用前一章我介紹的「削弱批判聲音的力道」的方法（見第140～144頁），或許也有幫助。

以下是一些個案慷慨分享的「一日三好事」日記，供你參考：

- 身體不適仍去上班。我很可靠盡責。

• 電話上努力挺老爸度過難關。我願意相挺，富有愛心，眞誠待人，竭力幫忙。

• 在許多人只爲社交目的而不盡力時，我竭盡全力投入這個運動。我充滿決心，毅力十足。

• 擬好讀書進度。我有組織頭腦，富進取心。

• 在演出中獻唱。我很有自信，有鑑賞力，全心投入。

• 與前男友會面。寬厚爲懷。不帶批判地聽他談與我前閨蜜之間的關係。

• 用手語面試一份讓我害怕的工作。爲自己的冷靜完成感到驕傲。我很有勇氣。

• 從未謀面的鄰居上門，請我幫忙檢查她的喉嚨。她很不好意思，我盡力讓她放鬆，對喉嚨不再擔心。陌生人使我緊張，但我仍十分友善，全心幫忙。

- 要求與主管談。跟她說我工作量太大，看能否加以解決。出乎意料地她很幫忙，說她不知道有此問題。我很勇敢而且誠實，敢於開口求助。
- 看傑米主廚食譜煮了一道新菜。孩子們不喜歡，我仍很平靜。我有冒險性格，對生活和健康有所選擇。
- 跟女兒看電視，彼此依偎，共同歡笑。我是個好爸爸，努力找時間與孩子交心。
- 太累沒去看F的演出。很棒的決定！我有照顧自己。反正還有下回。不帶酒意地醒來眞好。
- 在朋友面前不好意思買打折的設計師單品。今天致電買下。我迅速修正錯誤的行動。我足智多謀，克服了自覺不配的心結。

- 幫忙解決T和J之間的爭執。我解決問題很有一手，也是個好媽媽。
- 幫朋友換個角度看分租選項。我善於傾聽，關心朋友，樂於協助，觀察敏銳，深思熟慮，客觀超然，能給予意見與不同想法。
- 買了本「一日三好事」日記本送表妹，寫下我認爲她具備的三項特質。我很溫暖、相挺、慷慨、大方、正向，全心幫她看到自己的優點。
- 讓四歲乾女兒坐在我膝上騎馬逗她開心。我很有趣，能跟小孩玩在一起，無拘無束，考慮周到，體貼，還有點傻氣！

分享最後三點的那位個案說，她每晚睡前都會做這些紀錄，而專注在正向事物似乎大幅改善了她的睡眠狀況：「過去，我腦子裡總有一堆沒解決的問題和批判性思維，很難入睡。『一日三好事』日記開始後，我的焦慮程度大爲減低，容易入睡得多了。」這麼做了兩個多禮拜，這位年輕女性說，自己對自己的觀感產生明顯不同。「對我來說，這讓我的大腦焦點轉移。以往我老是自我譴責『你眞有夠白痴』，現在我看事情的角度有了變化，問的是『我在爲什麼開心？』」

即便只是偶一爲之，進行這樣的記錄能留下資料，讓你在遇上困難、質疑自己時可以回顧，憶起曾經自我感覺良好的時刻及緣由。大部分體貼的人似乎嚴禁自我讚許，對這項練習本能地有所抗拒。但請堅持，回報會非常可觀。

學著重視自己的需求

我最早的個案之一是位非常聰明、表現突出的職場女性與三個小孩的母親，卻從來沒有爲自己做過任何事。六個月的諮商（她將此舉合理化爲改善與孩子的關係）期間，她不斷深入挖掘讓自己墜入憂鬱的思考、情緒和行爲模式，然後面容發光。「我有了突破！」她興高采烈地宣稱。我滿腹期待地傾身向前。究竟什麼作爲讓她如此開心？「我買了一份單人杯壺套組。」她鄭重地說。我想必滿臉震驚，因爲我從沒聽過什麼單人杯壺套組（後來我跑去買了一組給自己）。「那是什麼？」我問。她就描述給我聽：小小的茶壺，放置在成套的茶杯和碟子上。「夠沖兩杯，」她說，然後面露淘氣笑容，「但就只給我一人。」

這眞是這位自我犧牲的女性的轉捩點，打破她「絕不能把自己的需求擺在家人之上」的僵化守則（否則將導致某件可怕的事，如她童年曾遭遇過的）。透過這件不起眼卻了不得的實驗，她終於能打破那牢不可摧的信念。可以這麼說：她那成年的理性腦，讓那迷信的內在小孩腦了解到，呵護自己一下並不會爲家人帶來災難。她的更多實驗由此展開，包括抽空從事「藝術之約」以滋養創意〔如茱莉亞．卡麥隆（Julia Cameron）在她那本精采著作《創作，是心靈療癒的旅程》所建議的〕、研究如何縮編事業好能兼職，這樣可多陪伴孩子並耕耘創意寫作。

你能對自己有多好？

美妝品牌萊雅推出「因爲你値得」這個口號時，幾乎壟斷了一個重要概念。這又回到權利觀念。「去吧，」他們敦促著，「去買下這迷人的美髮產品。你跟任何很棒的人一樣，擁有美好可貴的特質，有權盡力呵護自己。」而我們許多人卻完全不能接受這個觀點，不敢投入時間、精力、關愛給自己。我們根本就抱持與萊雅相反的信念：自己並不値得眞正的好東西。就像我說過的，體貼的人總把時間、精力、金錢與愛心給了別人，卻不留一點給自己。而現在，看在心智健全、幸福健康與快樂的分上，我請你轉向自己。

那麼，你的單人杯壺套組是什麼呢？要給建議並不容易，因為某人的糖果是另一個人的毒藥。不過我一些個案的例子包括：游泳、奢華的沐浴、直排輪、跳舞（踢踏、尊巴、交際舞、騷莎）、跑步（馬拉松或公園慢跑）、寫作、繪畫、逛藝廊、參加音樂節、騎馬、遛狗、按摩、練合唱、跟朋友安排活動（不要晚上喝酒談各種問題）、走入大自然、親近水邊……項目無限，非常屬於個人。我鼓勵大家回顧童年或年輕時喜歡做什麼，看現在能否找到重溫的途徑。形式或許有些不同（例如上舞蹈課取代上夜店），但同樣可帶來歡樂自由的感受，令人振奮，滋養身心。

前面說到那位自我價值感藉著「一日三好事」日記獲得提升的個案，非常努力地尋找能帶來趣味和感官享受的活動。多年來她始終忽略、懲罰自己的身體，一味埋頭苦讀、長時間工作、上無趣的健身課、禁食然後又猛吃。諮商了四個月後，她做出了這些改變：報名羽球課，好玩又有社交功能；參加爲期一週的外宿農場健美活動，體驗到令人開心又健康的飲食和運動；最後，她還參加一個譚崔性能量工作坊。她也買了令人舒暢的香氛沐浴產品和可口美味的健康食品，款待自己的身心。當我在某個長週末後見到她，她渾身充滿活潑的生命力。她謝謝我讓她用自己的步調發覺這些新的興趣：「假如你一開始跟我說我必須去做這些那些，我一定拒絕到底。但你只是要我留意有哪些事情能讓我的能量攀升，我確實就這麼做了。」

什麼能讓你的能量攀升呢？一開始似乎有點摸不著頭緒，但其實這就回到第四章所說的：與身體的訊息對頻。當聽到一個建議或要求，你身體某個部分可能會產生正面或負面的反應，我稱之爲能量攀升或滑落。〔很多人的反應出現於胃部，所以「直覺反應」的字眼就是腸道反應（gut reaction）。〕那幾乎發生在瞬間，以致我們不會留意或置之不理。

尋找能強化自我意識的活動時，輕輕地留意自己被什麼吸引、什麼讓你的興致（或能量）攀升，然後依你的步調，把身體這些信號（也可能是你的潛意識）落實成行動。哪些活動會讓你動念去嘗試？預先寫在行事曆上，別因有人請你做事而更動。試著把自己擺在前面，看這將如何改變你對自我價值的執念。

「評價一日」練習

幾年前我參加一個正念冥想課程，很喜歡其中「評價一日」的練習。之後我分享給許多個案，他們發現它簡單卻很有效。步驟如下：

- 寫下一天當中所做的每樣事情與活動，分別給予耗神（draining）、精通（mastery）（你游刃有餘）、愉快（pleasurable）的評價，以D、M、P表示。
- 接著，想想能做些什麼，把某些令你感到耗神的事情變成愉快或精通。

課程學員提出各式建議，有意思的是這個發現：使某人耗神的事情，卻讓另一個人愉快。例如很多人覺得寫電子郵件很耗神，有些人卻評爲精通，因爲他們完成時感覺很好。一位女性甚至把郵件評爲愉快，因爲她永遠不知道誰會寫信給她，信箱裡躺著什麼樣的驚喜和刺激。我記得的另一個例子是通勤，許多人認爲這很耗神，但有人說如果你聽著喜愛的音樂或播客、或讀你挑的一本書，那其實十分怡人。其他還有早晨好好品味你最愛的飲品、使用美妙的香氛沐浴乳並沉浸其中、塗上身體乳液享受絲滑感、有機會就放眼周遭大自然、一早出門聆聽鳥兒鳴唱……。

這多半就是運用五感。往往，我們太仰賴視覺而忽略了嗅、觸、味和聽。往往，我們咬緊牙關，關閉感官，埋頭於必須完成的事，自絕於各種精采體驗、甚至出乎意料的享受之外。

對內在小孩說話

這回到之前電視節目那位修女勸那絕望女子的概念（見第166頁），但又更進一步，請你確實與年幼的自己聯繫，就好像她/他與你同處一室。

我第一次做此嘗試，是接受我的臨床督導琳・佐丹（Lynne Jordan）博士的建議。當時我提起一位特別憤怒的個案，這位個案情緒強烈到讓我畏懼面對她，儘管我知道她是受苦之人，值得我伸手相助。

「受驚嚇的是你的內在小孩，」佐丹說：「在個案到來前，你能說些什麼讓她感到安心嗎？」這是什麼蠢問題啊，我想（當然是偷偷地，以典型體貼之人的作風刪節掉真正的心思）。「我想不出來，」我答。「這麼說如何：那位可怕的個案快到了，你何不先到另一個房間玩，這邊我來處理。」佐丹以她明快的態度建議我。

離開時我完全無法苟同，但下週這位個案來之前，這個主意浮現心頭，我想也沒什麼損失，何不放手一試。於是我盡職地告訴內在小孩（我想像三歲的我），我會應付這位可怕的大人，她可以到另個房間玩耍或小睡，我保證她很安全。你猜怎的？還眞有效呢。我想這麼做把我大腦的先邏輯（pre-logical）思辨部分——我稱爲「學步兒驚恐」（歷來對憤怒、衝突、對峙、不認同的龐大恐懼）——從我成年的理性思辨能力中抽離，所以我得以坐在諮商室裡運用一切成人的訓練、技巧及專業，同時間另一個房間裡，（恐懼的）小賈姬則平安無事（一種隱喻）。

此後我便與很多個案分享這個概念。許多受到體貼者詛咒之苦的人，往往存有某種「學步兒驚恐」，而用安撫的口吻讓內在小孩感到安全，是非常實際有用的辦法。就部分體貼的人來說，生命中的悲慘歲月是在青春期，所以他們要跟自己內在的青少年對話才有用。

莎拉與青春期的自己對話

我們在第二章遇過的莎拉感覺人生受困，部分原因出於艱難的青春期讓她養成的限縮心態。青春期時，她始終是那「肥胖但很棒的朋友」，總認爲男生找她講話都是想接近她漂亮的好友。她答應趁諮詢安全的氛圍，與十五歲的青少女自己談談，看事情能否有所轉圜。

就像聽我提此建議的多數個案，莎拉起先覺得尷尬和懷疑。我請她想像年輕的自己坐在一旁的空椅子上，並請她閉目凝想，與青少女莎拉對話。

「你可以告訴青少女莎拉，她的三項優點嗎？」我問。

「體貼，樂於付出，相當正面。」她答得很快。

我說我覺得她可以多說一點：「十五歲的莎拉坐在那裡，希望知道男生眼中的她是什麼樣子。你是她的仙女教母，你怎麼說？」

她笑了，說道：「莎拉，一切會好轉的，最終不在外表。你充滿熱情，點子多、很有趣。大家喜歡你，你會很有成就的。」

後來莎拉說，這是她做過最困難的事情之一。「感覺很痛苦，不過我嘗試正面對待，把那個女孩視爲獨立個體，而我想幫助她。」

莎拉增加了健身次數，減少了喝酒。她的新目標是社交時偶爾小酌，但不留到最後。「我以前老跟人說，沒有白酒我就沒有個性，但我知道不是這樣，我風趣的一面始終都在。公司同事都喜歡我，我知道自己的價值。」她加入一個慢跑團體，漸漸（非常緩慢地）發覺，儘管沒喝酒的自己超清醒、身著慢跑褲、汗水滴到眼裡，但有些男士還眞對她有意思。

對內在小孩說話，並非單一一次的諮商技巧。每當你感到焦慮，很可能就是學步兒驚恐的反應。這種時刻，記得用柔軟撫慰的字眼安定年少的自己，而近乎奇蹟地，你會平靜下來，能運用你成人的、創意的解決問題能力。

我一位遭逢分手劇痛、感到遭棄孤單的朋友說，她常開車四處晃，握著想像中坐在副駕駛座六歲自己（父母離婚時她的年紀）的小手，「沒事喔，沒事囉，」她會深情地說：「一切都會好轉，我會照顧你的。」

摘要

這一章我談到一些能幫助你看重自己的技巧。以下是提示：

- 試著成爲自己的「救贖」，把你一直期待別人給你的愛與關懷給你自己。
- 試著構成對自己的正面肯定，並不時告訴自己（雖然要避人耳目）。

- 寫「一日三好事」日記，留意且讚賞自己不錯之舉。
- 想想能讓自己開心的方式。盡情享受，毋須自責。
- 「評價一日」練習：D爲耗神，M爲精通，P爲愉快。設想能把D改善爲M或P的簡單方法。
- 感到焦慮和孤單時，試著安撫、鼓舞藏在內心的小孩或青少年。

7

挑選溝通工具，為自己挺身而出

有一天，一位個案提及她得面對的一場艱難對話。她想對公司提供的某些訓練課程提出異議，認爲那做得很差，毀壞了她的信心。「我想跟人資部抱怨，但不知道怎麼做才好。我很怕弄不好，自己反而被罰。這樣說吧，我需要你的幫忙，從我的工具箱裡挑出對的工具。」

我覺得這眞是非常好的比喻，我們一起研究了半晌。她覺得什麼樣的工具適合呢？「呃，」她深思道：「這件事很敏感，所以我可能需要個小螺絲起子。但在我挑選的當兒，我怕我會拿起電鋸，讓後果變得不可收拾，四處濺血，就像電影情節那樣！」

所以，這裡提供一些你可能覺得有用的工具，協助你進行不曾碰過的談話。有些工具你可能已經知道，有些可能是全新的。要怎麼選擇，全看你自己。你就根據眼前的情況，挑選最適合的幫手。然後，記得時時拂拭，讓它們保持最佳狀態。

找到最勇敢的自己

這是我最喜歡的輔導練習之一：「可靠強項庫存」（Dependable Strengths Inventory）。我在研讀個人建構心理學（一九六〇年代由喬治．凱利（George Kelly）所提出）時認識它，經過調整後，將它用於霍洛威監獄的課程當中。

凱利的中心概念是，所有人都具備自己的「強項」（也許有人會稱之爲「韌性」），在我們一生當中都很「可靠」——它們始終在那裡，即使在我們有些低潮時會稍事休眠，亦是如此。這個練習將協助你找出這些特質，列出「庫存」（或清單），在你碰到危機需要提高信心時，可以隨時調貨。從這個角度觀之，它其實頗像前一章介紹的「一日三好事」日記，只不過它是在此處借鏡過去，而非現在。

回想從前讓你感到自傲的作爲，無論在他人看來那有多麼微不足道。也許是幫助朋友、堅持某個挑戰、作品被張貼在學校牆上。列出至少三項，並在一旁注明其呈現出的你的特質（或可靠強項）。你絕對找得出這樣的東西的，例如買下這本書深入閱讀，從中你正努力改變人生某個障礙。這麼做呈現出了你的決心、主動與勇氣。別讓批判的聲音抹滅了你的發想。

當自己的啦啦隊

這就像針對眼前狀況，把可靠的強項變成簡單有力的肯定句。當你得去打那通艱難的電話、面對那個難搞的人、或需要更高的自信來處理當下棘手的狀況時，你能對自己說出什麼樣的標語或句子呢？

我工作坊的一位學員在遇到某個差勁的（年輕）服務生時，這樣告訴自己：「別怕，你辦得到的！你都可以當他媽媽了。沒問題的啦。」

有些人會召喚忠實的支持者（如第139頁柯絲蒂的祖母）給自己打氣：「你很棒的！加油！」

回顧我們在第五章談的「個人權利法案」，也相當有幫助。你可以像這樣告訴自己：「我有權以自己爲先」或「我有權說『不』」。面對困境時，這麼做能給你很大的力氣。

肢體語言溝通

研究在在證明，非言語溝通（或肢體語言）傳達的訊息遠勝其他一切。這方面的專家亞伯特．麥拉賓（Albert Mehrabian）認爲，比例大約落在：肢體語言占55％，聲音（尤其是語氣）占38％，實際說出來的字句只占7％。

所以當你想說你平常不會說的話語，那想必會讓你感到不安，你不妨先專注於你想傳遞的臉部、身體、聲音訊息，再盤算你要說的字字句句。

姿態

當你挺直身軀直視對方眼睛，你會顯得格外有自信，也會散發出這樣的信心。要打一通艱難的電話，不妨站著講。這會給你力量，並傳進你的聲音。同樣的道理，當老闆來到你的辦公桌旁跟你說話，你可以站起身，彼此平視，這讓你不致屈於下風，落入一種上對下的態勢。

我在霍洛威監獄進行的自信訓練會做這個練習：大家先駝背彎腰俯視繞行，接著我要她們抬頭挺胸相互對視。她們表示身體感受到的差異很明顯：當她們刻意而為，確實也覺得更好、更強、更為自信。

「想怎樣，就先裝出那副樣子，對吧，老師？」一位獄友說（好玩的是，她被控詐欺）。

孩子還小時，我參加的父母教育也有類似的課程，教我們如何溝通成為平靜的權威：「想像自己是棵巨木或大石，」指導員說：「堅定強壯地站著，根植於土壤中。」我覺得樹的形象非常有幫助，那意味著你扎根於土地，但仍保有彈性。

如果你參加過演出、運動、舞蹈、瑜伽或皮拉提斯等，你大概知道要怎麼提拉腹部（核心）肌群，拉開肩膀，並想像一條黃金絲線從頭頂直竄天際來拉直背脊。你可以使用這種方法，或其他任何適合你的途徑。

微小訊號

警方訊問和賭客都會藉由微小訊號查看對方是否吐實。從這些人的表情變化，尤其是眼神，他們可以看出對方所言和所想之間的不對盤或差異。

當你必須講些難以出口的事情，要很小心你的表情、肢體是否透露出不符合話語的訊息。儘量保持穩定的對視，避免坐立不安、撫弄嘴巴或耳朵。緩慢地深呼吸，有助卸除臉部、眼神和下巴的緊張。

拿捏笑容

不用說，最常洩露我們心口不一的微小訊號就是微笑。

好，我沒在批評你的笑容。你可能覺得那是你最棒的資產之一，人們也總是這樣稱讚你。我這輩子不斷在保持微笑，那確實爲我開啓了無數扇門（也讓我在抗皺乳液上所費不貲，這習慣造成深深的魚尾紋，也讓嘴角出現皺紋，使我看起來像個木偶）。

多數體貼的人會過度微笑，而那通常是種根深柢固的習慣，讓我們覺得這樣最保險：我微笑，你就會喜歡我，然後就會對我好，願意幫我一把。我們也知道，這在某個程度上會讓他人感到安心。據說微笑的進化源於猴子，牠們咧唇露齒，對挑釁者示意自己無害——一種順從的無言象徵。

所以，你迷人的笑容絕對很好（很多人爲此痴狂），但你仍要有其他選項，也必須加以使用。你能在想要的時候才笑嗎？更重要的，你能選擇不笑嗎？

當我的朋友希拉蕊在讀師專時，得到一個觀念：面對學生如果笑得太多，是個錯誤訊息。學生會認爲他們「耳根子軟」好應付，在他們還沒意識到之前就已喪失權威，而要拿回來就很難了。師長再三提點他們，在課堂上要留意自己的表情。

希拉蕊覺得最受用（尤其是對她最具挑戰性的第一份教學）的忠告是：「耶誕前絕對別笑。」意思是，九月開學，你要擺出自己最不容易妥協的樣子，歷經整個學期樹立起權威（但願也贏得了尊敬），那麼也許下學期你可以開始稍微展露眞實的自我（亦即耶誕過後），包括偶爾一笑。天生熱情愛笑的希拉蕊發現這件事價值連城。「學生們總想讓新老師『輸陣』，而擺出具權威性的肢體語言確實幫我掌握了局面。」她跟我說。

家長課程也有類似的建議。「在你眞正發火前先假裝生氣。」我那一班的老師塔馬告誡我們：「我們眞發起脾氣就已經失控了，那對孩子和對我們自己來說都很恐怖，尤其是孩子，他們意識到失控的大人不可測的行徑非常危險。」

在課堂上的角色扮演中，我嘗試嚴肅提醒「上床了，現在」，卻流露懇求的微笑。

「你這樣是在給出混亂的訊息。」塔馬說：「你不需要一臉凶惡，只需用平靜穩定的語氣。講完別笑。你是在提出告誡，而不是在拜託他們。」這對我和其他一些家長來說真是太難了。但經過練習，尤其再加上姿態（「我穩如磐石」）和跳針技巧（見第209頁），那居然變得不難辦到，而且效果極好。十五年後的現在，當孩子要求讓朋友來家裡過夜，我只需沉穩簡短地提醒家規，表情嚴肅。他們似乎很能接受。他們很清楚自己的立場，同時寧可不要在凌晨三點偷襲冰箱時碰上被驚醒而尖叫的母親。

言語溝通

砍掉廢話

努力直說，砍掉廢話和一堆陳述。我們常以爲說話直截了當是遲鈍和粗魯。我們生存在一個習於拐彎抹角的文化（尤其是對女性）——一堆暗示、讓對方心生愧疚、誘使人家回應我們沒有明講的需求，而當對方沒有如我們所願時便生悶氣、抱怨或冷嘲熱諷。往往，我們從頭到尾就是不曾眞正說出自己想要什麼。

我自己碰到不好說出口的事情時，就經常會這樣。我可敬的諮商師裘思琳．查普林（Jocelyn Chaplin）是第一個直接（平靜而清晰地）當面點我的人。

有一次我想更改晤談時間，我花了將近十分鐘跟她講一堆什麼快學期中了、我得送兒子到機場因爲他要去西班牙看朋友等等又等等。過程中我眼光向下或左顧右盼，就是不敢直視她，偶爾往上流露勝利（懇求？）的微笑。故事說完，她直視著我說：「賈姬，我不知道你想怎樣。」可能我看起來有點驚愕和受傷，接著她又很溫和地說：「你想問我什麼？能直接說嗎？」我頓在當下，絞盡腦汁。（這是諮商諸多優點之一，提供安全的氛圍讓你練習不同的舉止，尤其是關乎人際關係時。）

我意識到直接向她提出要求的風險很高，我猜那風險在於我若直說，她可能會大爲光火。但我做了幾個深呼吸，先在腦中演練幾次——明確的一句話——然後終於開口說：「裘思琳，我們下週的時間能延後嗎？比方下午一點？」就我記憶所及，她說不行，那天排滿了，但我可以取消就好。

然後我們談起當我們拿各種不相干的事情混淆眞意，會對對方造成什麼影響（試想你是那一段冗長、莫名談話的接收方）。那實在令人迷茫。到最後，有時我們不確定對方究竟希望我們怎樣，有時我們思緒游離、覺得無聊，開始想像今晚的電視劇情。

找到適當的字句

我們之所以無法正確拒絕或要求，多半是出於找不到正確的字句，也非常缺乏表達方面的訓練。

最近我碰到一位老朋友，她是個很有活力也很成功的商場女強人。我認識她這十八年來，她成立並經營許多新創事業，手下有許多員工。那天她正準備去見一位新的關係人，對方要給她擔任顧問的機會。

「你打算怎麼收費？」我隨口一問。她頓時愣住，表情尷尬，彷彿你問一個六歲小孩換了褲子沒。隨之一陣令人不自在的沉默，她的眼簾低垂，身軀扭動。「你還沒談到這個，對吧？」我驚奇地問。

「我說不出口。」她說：「我隨時能幫別人討價還價，換到自己時就做不到。」

於是我們做了角色演練，我要她平靜清晰地直視我的眼睛，講出「我目前的顧問費是一天五百英鎊。」她完全說不出口，我們同意改爲「你準備付多少薪資？」但實際上她連「付」這個字都講不出來，於是我們決定改爲「這份工作的一般日薪如何？」後來她傳簡訊給我，說那場會談非常順利，而她也能輕鬆地說出跟我演練過的話。「只是要先努力擠出這些字句——起先它們好像被塞住了。」

語氣

這太重要了，因爲那會給出許多超越字句的訊息。舉個例：你要告訴母親/朋友/妹妹/老婆說，你無法參加一場重要的慶生會。假如你說「我得跟你談談喬的生日晚餐……」，口氣帶著遲疑、懇求、搖擺或安撫，然後等著被說服、譴責、道德勸說到你改變心意。現在，試著用明確冷靜的有力語調，表達出肯定。你自己不覺得這樣比較能接受嗎？再加上「優雅的說『不』」（見下一小節）的建議，你便很有機會以一種充滿創意、解決問題的雙贏方式達到目的。即便沒有，你也能坦然說出心意，沒有太多自責。

就像任何溝通策略，熟即能生巧。可以的話，預先對著鏡子練習或跟好友電話演練。

優雅的說「不」

多數體貼的人就是很難說「不」。我想這是因爲某種恐懼太過於牢固，讓我們害怕說「不」，在避免說「不」的情況下，結果沒機會練習，導致對這種恐懼的恐懼。

我主持過一場工作坊，其中一項練習是要所有學員繞室而行，碰到人就說「不」——就只是一個「不」。隨著時間過去，明顯可見大家逐漸卸下心防，開始樂於說「不」，場內的能量也明顯增強。

不用參加工作坊，你就可以自己練習看看。避開他人，面對鏡子，明確冷靜地直視自己，說「不」。用各種聲調玩一玩。觀察如果不笑，效果是否更好。這麼做將打破你自己的禁忌。

再進一步，我們且看看是什麼構成一個成功的「不」。我稱之為「優雅的說『不』」，而我相信優雅是讓我們仰慕的一種品行。

我永遠記得第一次目睹有人如此示範，讓我眼界大開。我去拜訪一位朋友，那時他在籌辦媒體訪視一場大型運動賽事的活動。當他帶領眾人參觀攝影棚及相機位置時，他的手機響起。「非常謝謝你想到我們，」我聽到他說，語調極其懇切，「但我想我們得錯過這次機會。祝你們好運。」「誰呀？」我問。「喔，《太陽報》啦。」他說：「他們想帶些『三版女郎』來球場拍些照片。」這位朋友絕不希望自己的活動跟上空女郎沾上邊，但他拒絕的方式是這麼的優雅。「你好有禮貌。」我說，有點探詢意味。「哎呀，禮貌不用錢，」他說：「誰又知道什麼時候自己需要別人幫忙呢。」

以下是你能採用「優雅的說『不』」的途徑：

- **感謝對方問你（或像我那位朋友說的，「想到你」）**。字句不多不少。如果是在電話上，就深吸一口氣，先把這句優雅台詞端出來。如果是面對面，則保持平靜，直視對方，不要扭捏。
- **有禮而明確地表達拒絕**。簡短為要。純粹主義者或許會說「不要道歉，不用解釋」，但我認為致歉包含在優雅之中，所以很重要。不妨採用我朋友的台詞，那實在不賴：「我得錯過這次機會。」需要的話，不用當下決定，就說你得檢視行事曆／家人或自己（像這樣：「我不確定，我得先看看這個週末／暑假我要做什麼」之類）。如果這麼做，務必告訴對方你會何時回覆，不可忘記。
- **活力充沛，正向持續到底**。如果對方需要幫忙，你能建議找誰嗎？「今年我沒法幫忙，但我想貝蒂・史密斯會有興趣。」但除非你肯定某人眞的有興趣，不然別端出名字，否則只是自找更多麻煩（當貝蒂．史密斯怒氣沖沖地來電）。你也可以把機會留到後面：「等過幾個月沒那麼忙的時候，我很樂於碰面。」但同樣地，你只能說眞話，否則只是爲將來自找麻煩。假如實在沒其他選擇（別人、其他時間等等），而情況也很可能確實如此，不妨就想想我朋友的回應，祝他們好運或說些令人開心的話：「好好享受這場活動。」

- **別扯到被說服！**這點眞是重要到我再怎麼強調也不爲過，並加上罕見的驚嘆號。不論是當面也好、透過電話也罷，儘快而優雅地結束對話，別讓對方感覺到你的不安和歉疚，而以各種理由或操弄嘗試改變你的心意。

體貼的同事潔西卡發現「優雅的說『不』」很能對付得寸進尺的同僚。「一開始我會先說眞心話，像是：『我實在不想說不』或『我眞不想顯得不願意幫忙……但是我眞的沒辦法，因爲我手上還有一堆待辦事項。』雖然還是會有人不放棄，但不少講理的同事知道這是事實，也就坦然接受了。」

跳針技巧

假如你年紀夠大，記得唱片曾是保存音樂的唯一形式，那你恐怕也記得當你最愛的唱片刮傷時，唱針卡住、不斷停在原處重唱。實際上這也會發生在CD，所以各位大概都曉得我要說的跳針技巧。基本上，就是跟對方不斷重複你想傳達的訊息。這個做法的好處是，你能保持冷靜，不致被各種爭論或雜音給帶走。

這也是我在家長訓練課程學到的一門技巧。我記得一次角色演練是，我要孩子趕快穿好鞋，因爲上學時間快來不及了。穩穩站好（像塊岩石），老師教我非常簡單冷靜地說，「請穿好鞋子，我們得去學校了。」扮演我兒子的那位大人不理我，繼續玩他的。「請穿好鞋子。」我繼續重複，試著維持一樣的語氣和聲量。接下來我持續重複：「鞋子」──「鞋子……鞋子……鞋子」，宛如跳針，但並未陷入那種火氣升高、焦急迫切的語調。對演的大人終於穿好鞋子，我感到前所未有的輕鬆。「啊哈，」我心想：「角色扮演很容易，面對眞的孩子時這毫無可能。」不可思議的是，它發生效果了。雖然並非每次都如此，但絕對比我失控大喊、然後要安撫被我嚇到的孩子來得有效許多。

我的許多個案都說這招有效，很可以拿來應付艱難的對話。但你要留意語氣，避免嘲諷，保持優雅，傾聽對方，但不動如山。

潔西卡告訴我她採取跳針技巧的例子。「有人逼我依照他們的議程做出決定，但我說我得再仔細看看細節，能否在週末前告訴他們而非今天？好笑的是，我想我們雙方都在使用『跳針技巧』。她一直說她今天就要，我則說要等到週末。後來我想，我可不能屈服，但也不想這樣沒完沒了，於是我建議她先繼續以免耽誤這項案子，我則在週末前跟她確定我這邊的進度。她同意了。成功！」

我要說，潔西卡運用了跳針技巧加上創意的問題解決，導致了「雙贏妥協」。不同場合需要不同的溝通工具，愈勇於嘗試，愈知道該挑出哪個幫手——是小小的螺絲起子，還是一把電鋸。

另一種跳針技巧

稍早我那個「鞋子……鞋子……鞋子」的例子，對小孩很有用。至於較大的孩子或成人，顯然那會是雙向交流，因為對方有爭論的語言和邏輯能力，如果你不斷重複同樣的話，只會像衛星導航，而不是個冷靜有定見的大人。

就如之前潔西卡那個例子所示，三歲以上的人大概都會回嘴，想「獲得勝券」。他們或許會採用情緒勒索（「可憐的我！」，見第127頁拍賣悲慘）、地位（「我比你重要」）、羞辱（「其他人就沒問題」）、或安．迪克森所講的「不相干的邏輯」。要訣在於認可他們的反應，但仍繼續重複你的關鍵訊息。避免陷入他們所說的內容並予以反駁，而是試著說：「我明白你很懊惱／壓力很大／只是遵照老闆指示……但（放進並重複跳針訊息）。」

做起來沒那麼容易，但練習很快能帶來信心，因爲你的經驗和能力不斷在加強。這些年來，無論是我的個案或工作坊學員（包括霍洛威監獄的女性），經歷幾次成功後，都感到不可思議的信心和希望。就像我的「鞋子」、潔西卡的「不！」，當大家發現這招管用時都非常驚喜，並且但願自己有更早開始。

三明治回饋法

職務上需要做績效考核的人大概都知道這個東西，而之前沒聽過的人，在發現另一項有用的溝通技巧時，往往會十分高興。

把評估（或你面對的場景）想成三明治，兩邊的麵包是「很好」，中間的餡則是「需要改進之處」。你的麵包是你對對方的技能／表現／特質的正面肯定，接著是內餡問題：「這部分你能如何加強？」

所以，本章開頭那位想跟人資部反映訓練課程的個案，就決定這麼說：「我非常感謝你爲我們安排的訓練，謝謝你。而要是訓練師有更深入了解我們的領域，那就更理想了：我覺得他們不太清楚我們在做什麼。希望這個回饋有助於你將來的訓練規劃，如果有需要，我可以寫成報告供你參考。」這位個案認爲這就是她所需要的「小螺絲起子」，搭配上淺淺的微笑、幾個深呼吸與平靜的語調。電鋸就留在工具棚。她覺得自己以後也知道該怎麼傳遞心聲了。

選擇你果敢自信的典範

我有個朋友叫梅特，是我在果敢方面的楷模。你大概可以從她的名字猜出她來自斯堪地納維亞（更精確一點是丹麥），我相信直率表達是當地的文化特色之一。以下是梅特的直截了當如何令人耳目一新的一則範例。

幾年前我們一家人去她那裡過暑假。落地不到一個鐘頭，她便直視著我說：「我們才有朋友剛離開，我煮飯已經煮夠了，所以我不幫你們準備三餐。附近吃的很多，整個廚房也隨你們使用。」

我得承認，當下我嚇到了。女人有權這樣講話嗎？我不可置信地想著。但隨著時間流逝，我發現大家相處得很融洽，最主要是因爲地主沒有厭惡或緊張的暗潮像毒氣一樣滲出，整個氣氛非常輕鬆。

在我的成長背景中，女人常是我口中的高效能廚師，自覺要爲客人準備特別的盛宴，美麗又精緻，並且全部手工製作。但當然，這些大餐背後的辛勞和壓力有其代價，往往就是暴躁的脾氣、籠罩在美食上的厭恨與火氣，嚐起來不甚可口。

因此，梅特的坦白眞教我大開眼界，那顯然意味著我們從一開始就明白各自的立場，這點令人放鬆。我絕對不可能做到像她一樣（儘管我們瑪森家族也自認祖先是丹麥維京人），但我在碰到希望能更直率坦白的時刻，就會心想著她。「梅特會怎麼做？」我自問。然後我想到答案，浮起微笑，卻也感到一絲恐懼，因爲那跟我向來的溝通方式差距太大，我模仿不來。但我又想，我能怎樣朝那方向邁進一小步就好？這非常有幫助，也可行得多。我邊想著她的個性、穿著及可愛的口音，邊試著說出心裡話。

你可有這麼一位讓你欣賞的梅特？不見得一定要是相識的人。我的一位個案就選擇凱薩琳・赫本在她一九五〇年代電影中的強勢角色，另一位個案則挑選印第安納・瓊斯。不管你選擇誰，當你面臨麻煩，很想說出或做出有別於平常體貼入微的你的言行，就把他們的形象召喚出來。朝他們可能會有的反應邁進一小步就好，辦得到嗎？那大概會是什麼樣的言行呢？

撰文與電郵溝通技巧

對我部分的個案來說，平日的溝通主要是透過電子郵件、文字、臉書等社群媒體，他們也在此碰上表達果敢的最大挑戰。

這種情境的溝通，主要原則不變：直接、明確，只是此時沒有肢體語言透露的各種訊息。想好你要說或問的內容，清楚地表達出來。

我的一位自由撰稿人朋友決定實驗從信件、文字中拿掉一切多餘的閒扯、笑話和表情符號，不僅是因爲這些東西浪費了太多時間，她說她省下了可觀的時間與火氣，並感到更受尊重：「我變得更在商言商，人們也如此回應。我想以前我的恐懼是覺得人家要喜歡我，才會發工作給我，但實際上我發現他們要能相信你具備專業能力。我不認爲表情符號眞能傳達這點！」

摘要

在這一章，我談到一些輔助工具，協助你更清晰自信地傳達你不易說出口的訊息（例如說「不」、抱怨、設立界線）：

- 留心肢體語言。站姿挺拔堅定，注意語調。若要對方當一回事，表情要正經（這不會讓你變得可怕）。
- 可能的話，事先想好要說什麼。保持簡單明確，別扯遠了。
- 牢記「優雅的說『不』」、「跳針技巧」和「三明治回饋法」這三種溝通技巧。
- 自問：誰是你果敢自信的典範？

8

向恐懼挑戰：
改變行為，就能改變想法與感受

現在你已握有一手亮晶晶的溝通工具，可以邁開下一步了：向那阻止你改變的恐懼挑戰。我將帶著你規劃並實行屬於你的行為實驗。

你小時候做過實驗嗎？也許你不曾擁有過小小化學家組合包，但你可曾把玫瑰花瓣加水做成香水、或把土混合水後變成軟泥餅？是重新喚醒體內的化學家、拿出開放的好奇心的時候了。我的個案們都很愛這帶來的自由感：化學家無所謂對錯，你純粹在測試一個直覺、理論或假設，行不通就調整後再試。這可以是充滿創意、有趣又好玩的。

何謂行為實驗？

行為實驗是從事改變一項極為有力的工具，概念始於一九五〇年代行為主義心理學。之前我提過巴夫洛夫的狗和制約反應的概念（狗兒學到鈴響與餵食相關，不多久，只要聽見鈴聲，即便眼前沒有食物，牠們的唾液腺也會自行啓動，開始流下口水）。

我們人類也一樣。你若有過可怕的經驗，只要某事連結到那個事件，就會讓你感到恐懼。我小時候很怕蜘蛛，而暑假露營時總會碰到一堆，尤其是在廁所那邊。結果現在只要腦中浮現露營區的廁所或瞄到一塊煤渣磚，都會讓我緊張不已。

在第二章我們提過，多數體貼之人的行爲，很不成比例地受到一種恐懼的宰制：恐懼他人的憤怒與反對。爲了避免這種不好的感覺，我們竭力避免或防止相關場面的發生，像是衝突、說「不」、不答應他人的要求等等。我們也常拚命去做讓自己安心的事，像是討好他人、平撫緊張與衝突、順應他人。但情況是，這種擔心某事發生的預期心理，與它眞正會發生的機率完全不成比例，而即便它發生了，也與我們對應付能力的自信不成比例，這點更糟。

因此，行爲實驗的觀念是讓你在經過設計、控制的安全環境中，敢於測試那些過時的假設。例如：「我若對此人說『不』，他將對我發怒／不喜歡我，我將無法承受其怒火／不認同。」當你對此預期展開測試，揣著前一章介紹的溝通工具，你幾乎一定會驚奇地發現：即便事情如你所料，你仍可安然無恙。

我們常被自己對憂慮之事的恐懼綁架，唯一的出路就是，釐清這些憂慮（那往往是童年時的觀點），然後勇敢地加以測試，從最微小、最安全之處開始。這也就是認知行爲治療所說的：改變行爲，你就能改變想法與感受。就我的經驗，這是著手改變最有效的起步，儘管感覺很難。

釐清恐懼層次

對付恐懼症（或「不理性的害怕」），心理學家常採取一種名為「系統減敏法」（也稱爲「漸進式暴露治療」）的方法。

首先列出恐懼症的層次表：從最低程度到最高。拿我害怕的蜘蛛來說：最低層級1分，也許是看蜘蛛照片；最高10分，也許是握著一隻毛茸茸的大蜘蛛，像是塔蘭托大毒蛛。藉著放鬆技巧，例如控制呼吸法，我就能「系統性地」在可接受的進程內逐步向上，直面我那些非理性的恐懼，減緩對恐懼源的過敏，明白蜘蛛並不會眞正傷害我，然後克服這項恐懼。這也是一種「感受恐懼，放膽去做」（feel-the-fear-and-do-it-anyway），只是它早於蘇珊·傑佛斯（Susan Jeffers）的同名著作。

編寫你的恐懼層次表

我要請你根據讓你困擾的體貼行為，寫出屬於你的恐懼層次表，1是最簡單，10是最難或最令你害怕（不用從1填到10）。顯然地，這純屬個人，別因為知道你害怕的事情對別人根本不成問題，就自覺可恥或愚蠢。我們都是獨立的個體，而基因與經驗的複雜組合讓我們各有獨特的恐懼。恐懼層次沒有一致性，痛苦也是，道理相同。

這是我在幾年前開始投入這件事時，列出的恐懼層次表：

1　向伴侶尋求協助與支持。

3　向朋友尋求協助與支持。

4 對我不認識的人說「不」。

5 對朋友說「不」。

7 在公開/團體中表示反對/衝突（例如在店裡、讀書會）。

9 對不好相處的朋友說「不」。

10 在他人面前表現出「眞我」（例如難搞、傷心、生氣），以及在他們傷了我的感情時說出來。

體貼的同事潔西卡在我們的諮商初期也寫了一份恐懼層次表：

1 在地鐵裡被人撞倒，不要說「抱歉」。

2 請人重複我沒聽清楚的話。

3 有人擋路，不要擠過去，而是大聲說「借過」。

4 在地鐵裡請人把座位上的行李拿開。

5 在店裡付完錢後，好好地收拾錢包（讓隊伍等一下）。

6 在小組會議中提問。

7 工作上不是我的錯就不用說「抱歉」。

8 工作上有人要求幫忙時，說「等一等」。

9 分派工作不必道歉。

10 工作上有人要求幫忙時，說「沒辦法」。

下個階段是設計一場實驗，測試你的假設：如果你做出那些讓你害怕的舉止，某件無法忍受的壞事將會發生。這個實驗將讓你搜集到證據，證明這件事或許沒你想像的那麼恐怖；而即便那很恐怖，你也能扛住這份恐懼。讓我們從恐懼層次表的下層著手。

這裡的範本可以參考：

- 描述你的實驗。
- 你幻想的預測／景象？
- 目前的恐懼因子。
- 比較實際的預測。
- 你可用上哪些技巧和資源？
- 修正過的恐懼因子。

之後：

- 結果。
- 此刻的恐懼因子是？
- 可供下次實驗參考的心得是？

描述幻想預測的好處是，那經常採用著史詩般、電影似的規模，而其荒謬性不僅止於一般。如此清晰地面對它，你便能看出其極端程度可能屬於你過去的某個時期——也許當你還是個年幼無力的孩子，那時，大人莫名爆發的怒火和羞辱的確非常嚇人。如同我的朋友、同時也是認知行為治療師娜塔麗會說的：「有可能，但會嗎？」你可以用這個問句，想像較實際的預測狀況，稍微降低恐懼因子的分數。我先來用我自己的例子描繪一下。

我的洋裝退貨實驗

如果你看我的恐懼層次表，拿商品回去退是7分。為了這本書，我決定以這項恐懼做實驗，記錄過程中所有的念頭、感受與行為。

我先設定場景。我在一間小小的精品店買了一件要價不菲的夏裝。這種店家會寄那種美麗的型錄給你，你可能會花很多時間盯著精采構圖中那些青春無瑕的模特兒，也許無意識地想著：假如自己也有這麼一件絲質洋裝或喀什米爾羊毛衫，就會受到寵愛，得到幸福，無慮無憂。

我的理性腦知道這是廣告搞的鬼——我們把購物與情感渴望連結在一起。就算明知如此，情緒拉扯仍極其強大，尤其在你自覺有點過重、不夠迷人、缺乏信心時，而那正是當天我走進那家店的狀況，所以我大概是去尋求以外觀爲主的救贖（見第162頁「救贖轉折的迷思」），而不是特定什麼服裝。銷售小姐看出我那種模糊的渴望，十分熱切地把一堆洋裝掛在更衣室讓我試穿。半小時後，我提著精美的提袋離開，心底卻明白裡面的東西並不適合我，我大概不會常穿（如果會穿的話）。

回到家後我再度試穿，知道自己得硬著頭皮拿回去退了。好，我聽到你們有人（即便是資深的體貼之人）在竊笑，因爲你根本不覺得這何難之有。我知道現在很多人的購物策略是買一堆服飾回家慢慢試穿，再把不喜歡的退回去。也許如果我常這麼做，把一件商品退回給一間店就沒那麼可怕了；問題是我並不常這樣，因此後者便很可怕。

此時我的批判聲音已開始暖身：「你實在很可悲，當時你爲何不對抗那個售貨員？」還有：「你用錢這麼不小心；你犯了個愚蠢的錯，現在得付出代價，再也不能買新的夏裝了。」哇！寫成白紙黑字後，這些聲音是不是很惡劣？尤其是最後那句，不僅批判，更是羞辱及懲罰：我必須接受不得再買任何夏裝的懲戒！

不過，繼續這個實驗，我這樣填寫了表格：

- **描述你的實驗**：回店裡要求退費。
- **你幻想的預測／場景**？銷售小姐會很生氣，嘗試（不友善地、威嚇批判地）說服我改變主意。她將(1)冷若冰霜，在塞滿店裡的客人和員工面前以羞辱的口吻說：「我說這位女士，我想你會發現，在你這年紀（體重／身材）穿什麼都不會更好看的。」或者(2)對著我大叫，可能還會攻擊我，並且同樣有一堆人圍觀。

- **目前的恐懼因子**：7。
- **比較實際的預測**：銷售小姐也許不高興，但我可以儘速逃離，永遠不必再見到她。假如她眞的很難搞，我可以要求見店經理，畢竟十四天內我有權退貨。
- **可使用什麼技巧和資源**？我能緩慢地呼吸，對抗身體的戰鬥或逃跑徵候。我可以採用跳針技巧。
- **修正後的恐懼因子**：5。
- **結果**：我等到有空、也覺得夠有信心的一天去了店裡。胃在翻騰。同樣那位銷售小姐過來招呼。聽到我說要退貨，她果然很生氣，因爲她原本熱切歡迎，此刻則笑容虛假，眼神冷硬。我的預測沒錯（到一個程度）。

我想這種店的售貨員是賣一件就抽佣，所以很在意退貨這件事，這點我以前就注意到了。當她用柏靈頓熊所謂「特殊的凝視」盯著我時，我感受到體內的恐懼。但我刻意做了些緩慢的深呼吸，用心眼追隨著空氣在體內的流動（見第289頁「3－5呼吸法」練習），同時告訴自己：「這馬上就要結束了，你永遠不用再見到她。她現在恨你不要緊，她不能做什麼來傷害你。」這麼做真的很有用。首先，那讓我不那麼感到當下情緒張力的壓迫；第二，這種安撫的自我對話讓我平靜不少，覺得安全（見第182頁「對內在小孩說話」）。

最後我成功退費，全身而退，沒有受辱——實際上還興高采烈。

- **此刻的恐懼因子**：2。
- **可供下次實驗參考的心得**？我學到要預作心理準備。那位銷售小姐聽到要退貨有可能會失去冷靜，可能因此生氣、冷嘲熱諷，但若真的那樣，我可以承受，那並非世界末日，我挺得過去。這次經驗讓我大受激勵，同一個禮拜又拿了兩件東西去退（一台口述錄音機，超過退貨期限兩個月；一件不合身的胸罩，半年前買的，收據已經失蹤）。結果這兩個嘗試都簡單得教人意外，售貨員都很能理解，平靜且講理。用典型的系統減敏法說，現在我能用手握著蜘蛛了——也許塔蘭托大毒蛛還不行，只能是小錢蛛，但確實有了進步。

鑑別你的實驗：此刻哪項改變最重要？

如果你到醫院的急診室，通常會先由護士進行檢傷分類，他們會負責評估患者的傷勢或病情的重要性，也就是危及性命程度，據此排出醫療順序。

你也可以用這種方式考慮要做的行爲實驗：此時此刻，哪一項改變最有急迫性？自問是什麼讓你坐立不安、夜不成眠、心頭沉重？另一個重要問題是：讓你獲益最大的是哪一項？有些事感覺上非常困難，而此時你若想改變，獲益其實很少。換言之，成本恐怕大於收穫。別讓它成爲另一項「應該」，否則你會自陷敗局，感覺更糟。

不妨列出優缺點，狀況可更清晰。舉個例，一位令人喜愛的工作坊學員艾莉森，想以寫信給母親作爲實驗。她想解釋媽媽長年以來的那些批評，爲何讓自己那麼受傷。這項實驗感覺實在太難、太可怕，在思考可能的收穫和損失之後，她了解實際的風險太大。她母親不可能傾聽這些，反而比較可能會立刻自我防衛並批判地扔回給她，讓她更爲痛苦，母女陷入僵局。

我向艾莉森說明了「救贖轉折」（見第162頁），說這觸動了我的「救贖轉折警報」：極有可能她的母親永遠不會改變，除非她經歷什麼撼動人生的事件或去做諮商（抑或是這兩者）。

艾莉森於是另外想了一個感覺比較安全、實際上也更加迫切的問題。她想請之前的客戶爲她的新網站寫推薦。這件事使她焦灼，所以一直拖著沒做。她幻想的預測／情景是什麼？她思索了一下，笑道：「他們會互相通話，說些：『她怎麼問得出口啊？眞夠厚臉皮的！她做得那麼差，我絕對想不出任何好話！』」描述出口後，艾莉森馬上看出其中可笑的荒誕性。「這發生的機率有多高？」另一名學員親切地問：「你曾幫過他們，他們會不樂意幫你嗎？」「我想會吧，」艾莉森顯得很沒把握，「我通常很樂於幫人寫推薦信，尤其當他們把需求講得很具體時，那幫助很大。」「那麼恐懼因子是多少？」我問。「大概是7。」她說。

艾莉森決定展開實驗，寫封十分清楚的電子郵件，詳細說明自己所需，卻也附上退出選擇權，表示對方如果太忙自可拒絕。「這樣當他們說『不』時，我不至於覺得遭到拒絕！」她自我解嘲。「現在的恐懼因子是多少？」眾人問。「下降到3左右，」她說：「我會讓你們知道情形如何。」

一週後艾莉森回報說，她聯繫了三位，他們都立刻回以熱烈的推薦信。「我想，在你的工作坊設下目標，得到大家的見證和支持，讓我能夠展開行動，否則我恐怕會繼續拖延下去。」她說：「這番作爲讓我備受鼓勵，非常正面，使我有信心做更多嘗試。」

潔西卡展開的行為實驗

我與體貼的同事潔西卡初見面時，我們討論她即刻嘗試「減少1%的體貼」

（見第91頁）。她選擇當有人在地鐵裡撞到自己時，不開口說抱歉。過了一個禮拜，在這項實驗獲得成功（「他們根本沒注意到這些。那都是我腦袋裡的批判聲音在說：『小姐，你的禮貌呢？』我認出那是我阿姨的聲音，並得以做出回應」）的鼓舞下，我們為她列出漸進式的實驗清單，讓她以自己的步調前進。對同事的要求說「不」，是她恐懼排行的第一名。

潔西卡深受激勵，頓生勇氣，開始一一實驗，而每一次的成功都讓她能夠繼續克服更上層的恐懼（見第225頁）。以下是摘自她實驗初期的諮商手札：

我夢想能成為冷靜、有耐性、風趣聰明的人，但那絕非一蹴可幾。或許關鍵在於果敢。要是能果敢，我就能夠冷靜，因為能開口提出要求，相信自己值得。如果我相信能成為最好的自己，就沒有理由不耐煩。

假如能放鬆和平靜，我就能風趣詼諧，而非結巴自慚。我就是需要內心感到平靜，讓我能自在要求，毋須語帶歉意。是要先具備這個，還是它來自練習？好，如果是練習，那麼我知道該從哪裡開始。

潔西卡成功做到在工作上更加果敢，那帶來了她沒列入清單的意外改變：與室友訂出較為清楚的界線，拾起需要勇氣的新嗜好，開始結交新朋友。當然，事情絕非一帆風順。她碰過挫折沮喪，也曾氣到幾乎整個放棄。但靠著緩慢與耐性，一次一小步，她終能堅持下去。你會在第九章和第十一章看到更多她的心得分享。

麗茲展開的行為實驗

我們在第三章見到體貼的朋友麗茲，她跋涉數百公里來進行兩個小時的諮商，「覺得像是在做水療」，純粹爲自己做些什麼實在難得。當天下午她意志昂揚地離去，承諾展開行爲實驗，尤其是「讓他人失望，多照顧自己」這件事。

第一個實驗就發生在當晚，她要告訴一位朋友無法參加她的詩詞朗誦會，因爲自己只想好好泡個澡，然後跟孩子共進晚餐。對麗茲來說這很可怕，但並非做不到。之前我鼓勵她打開自己勇敢的一面，因爲這一面是存在的，過去和現在有許多狀況都足以證明。一個月後她寄電子郵件給我：「上次諮商後好像有人爲我打開了燈，」她寫道，「探索我那股怕被罵的恐懼來自何處，幫助實在太大了。憶起青春期時我一有意見，我爸的反應有多恐怖，讓我明白爲何我現在還那麼努力想討好人。」

至於那首場實驗，麗茲說她覺得自己這麼做很不應該，於是傳訊息給那位朋友爲自己沒能出席道歉，不料那位朋友似乎一點也不介意。「有趣的是，這位我首度嘗試跟人取消約會的朋友……她說她不能相信我竟怕讓她失望，說那絕不可能，因爲我們是這麼好的朋友。她知道我必須取消，一定是有充分的理由，而非隨意如此。我們還大笑一場。這跟我擔心的預期相差太遠，我以爲她會氣到再也不想見我。」

麗茲開始試著先照顧自己的需求，她還回報說，她對一位霸凌她的女同事展現不同的舉止。「通常我只出席開會，不吭一聲，儘量隱形。」她說：「但這回我提早到場，對她十分友善。她有點吃驚，但回應不錯。開會時我有意見就說。我覺得這麼做很有力量並且忠於自己。我一直自問『最壞又能怎樣？』和

『她不喜歡我沒關係；我不需要她喜歡我，我只想找到與她共事的途徑』。」

麗茲如何成功地減少社交承諾，爲自己眞正重視的事情創造更多時間，第九章你將看到更多。

不帶批判的創意腦力激盪

麗茲嘗試不同之舉，並且效果意外的好。但有時實在很難想出不一樣的行事方式，因爲我們太被既有的思考行爲模式箝制了。

不帶批判的創意腦力激盪是助你思考飛翔的有效技巧，讓你想出新的點子。在一張紙的上方寫下問題，然後在底下寫出你能想到的任何解答。讓創意自由奔馳，不帶批判地寫下一切點子。這很重要，因爲這讓之前不曾想到的主意和潛在的解決辦法能夠溜過批判聲音的時時警戒（見第140頁）。舉例來說，你的小孩跟老師的互動有問題，你們想出這些點子：「把他送上去月球的火箭」或「讓他被海盜綁架」，只管平靜地寫下這些主意，一起研究哪些法子最值得嘗試；或者給它們評分，最高10分，這樣可以看得更透澈。

下面是這個技巧給艾拉的幫助，我們在第二章見過她。

艾拉想像的地獄室友

艾拉很傷腦筋。前室友在長時間惱怒的靜默後終於離去，她也終於找到新的房客。她很怕與這位女性也沒處好，再度陷入尷尬的局面，那她將實在不知如何收取租金。這件事也重新啓動了她青春期的執念：「我無法融入；女孩們都不喜歡我；我永遠交不到朋友。」

我請艾拉稍微描述一下這位新室友。

「呃，她似乎人很好，話不多，努力工作，尊重我讀書時很需要安靜。但法蘭琪起先也是……」我再請她談談她幻想的可能情景，即便很可笑。

她想了一下說道：「呃，她告訴我她斷斷續續跟一個男友往來，所以我想當我準備讀書時，他們可能在沙發擁吻，或者更糟更糟……」她頓了一下，彷彿難以跟我分享她心中浮起的可怕畫面：「……整晚在她房裡大聲做愛，讓我無法成眠，覺得孤單差勁，因爲(1)我還沒有男朋友，(2)我太壓抑，發不出那種聲音。」她睜圓雙眼看著我，彷彿自己也不確定這些念頭打哪兒來。

「還有，」我從我自己聽過的那些恐怖的分租故事幫她補充：「他會在你的浴室裡一待幾個小時，做男人那些吵鬧的事，然後只在腰間圍著一條小毛巾，在屋內走來走去。」我們大笑出聲。「你覺得那樣的機會有多大？」我問：「更重要的，在麻煩事出現之前，你現在能做些什麼來讓自己安心？」

艾拉看著我的眼神一片空白。她坦承自己心裡只有體貼之人的禮貌帶來的受困和無助，也只能束手無策地等著必然而可怕的衝突與煩惱。

「好，我們來試試不帶批判的創意腦力激盪。」我提議。說出這個句子時，我至今還沒碰到對方不眼神發亮的。我想那是因爲「不帶批判」和「創意」這兩個名詞是這麼動人、這麼正向，馬上就讓我們感到安全，渾身是勁。

艾拉發想出這些點子：當室友帶人回來，自己就去圖書館念書；如果她的男友留宿，自己就去朋友家過夜。我則提議不妨跟新室友談談，也許兩人能訂出一些合理的規矩，像是男友只能在週末時留宿。

艾拉很驚訝。「我還眞的從沒想過，但其實那很合理，對吧？」這啓動了她創意解決問題的腦細胞，更多可能的辦法源源而出。

「你只是在把自己的本領拿出來而已，」我說：「你在工作上很會解決問題，但面對室友，也許是基於過往，你卻無法施展這些本事。你困在創傷、恐懼、痛苦之中，而那往往侷限了我們的創意解決能力。」

兩週過後，艾拉回報說已和室友談過，過程非常平順，對方同意她提出的所有建議，沒有絲毫不滿。「我無法相信事情這麼簡單。」艾拉說。當人們開始實驗新的作爲，這是我經常聽到的話。當你終於敢進行困難的對話，它往往（雖然不是絕對）比你預期的簡單輕鬆許多。

試著降低標準到夠好就行

有些人選擇的最重要實驗並不是想要有所不同，而是想讓某個部分減少一點。回想一下我們在第二章看過的孩提模式，有些體貼的人總是竭力避免引發憤怒，有些則拚命想博取他人的認可，很多人更是兩者皆是。

在第二章中出現的珊曼莎，決定嘗試進行減少博取他人的認可，看自己能否經得起這番實驗。還小時，珊曼莎總想討好那位很難取悅的芭蕾舞老師。成年後，她把這種努力轉移到老闆身上，她長時間工作並扛起種種責任。休產假的此時，她又轉移到先生和小孩身上，只是他們並沒有要她這樣做，所以並不是那麼感激。先生希望她跟以前一樣好玩，但她總是筋疲力盡、脾氣不佳，因爲她想當完美的妻子與母親，成天沒完沒了地整燙嬰兒服，無時無刻不上著全妝。

我們一起挖掘出這些行爲背後主要的僵化個人守則，那是：「我永遠都得竭盡所能，否則人們會認爲我沒努力。」而當我們引入光亮審視這條守則時，珊曼莎發現那其實是別人的目標，且極有可能便是她那「嚴格的不得了」、要她成爲完美舞者的舞蹈老師。

「如果我達到這樣的完美程度，我想我老公根本不想跟我在一起！他並不期待我是這種完美女性。再說，女兒漸漸長大，我不想讓她背著同樣的完美主義重擔。我希望她以後碰到問題時能找我談，而如果她知道我也曾經犯錯，應該會比較願意開口。」

那次談過之後，珊曼莎便積極朝「夠好就行」這個概念前進，不用完美。第一個實驗是不再熨燙嬰兒服，接著增加不化妝的日子。她說她隨時告訴自己「夠好就行」，讓自己正確看待一切。

本章提及的行為實驗，是計畫好或主動為之的。這樣的起點很好，當你為實驗作出規劃，能掌握許多因素，便能產生安全感。不用說，一切都在掌控之中是不可能的，但這回當你要跟室友、老闆、伴侶溝通，你可能就能決定時機以及你要說的內容。這將培養出技巧和自信，在你猝不及防、必須面對麻煩的人與事的當下，漸漸能夠應付。這種情況難免發生（且經常發生），我在第十章會提供一些應付被動情境的技巧。

摘要

現在你已有了一些概念，知道如何籌劃屬於你的實驗，挑戰那些把你困在無力境地的恐懼思維：

- 列出你自己的恐懼層次表，分別給出1（恐懼程度最低）到10（最高）的評分。
- 取其中一項作爲目標，設計你的行爲實驗。從低分項目挑選，再根據第

227頁的範本塡寫，爲最糟的局面做好規劃及準備。

- 想想第七章中有哪些可用於這項實驗的工具。
- 犒賞自己，生出信心，計畫下一個實驗。
- 嘗試不帶批判的創意腦力激盪，獵取新的點子和選項。

9

進階行為實驗：敢於讓人失望

每次我提起「敢於讓人失望」這個概念，對方必定會震驚地睜大雙眼，然後露出微笑。那是一種釋然的、「你一定是在說笑，因爲那實在太荒謬啦」的微笑。但這不僅是相當重要的概念——即便只是閃過這個念頭都好，它能讓我們生出更多選擇。

對體貼、善解人意的人來說，這個觀念何以如此可怕？那背後藏著什麼樣「僵化的個人守則」？「我絕不能讓任何人失望，否則……」，否則怎樣？什麼恐懼讓我們活得這樣筋疲力盡、費心耗神？那意味著我們總是支持著朋友，參加他們的生日宴飲、晚餐、派對、聚會、詩歌朗誦、藝術展覽、募款、演出、他們孩子的展覽、孩子的生日活動、他們父母的喪禮……請自行加上任何其他活動，這份清單無止無盡。重點是，我們就算生病、加班、累到爆都會露面的，而且還不只是近親好友的活動——如果是，那當然（大部分）合情合理。

不，體貼之人的一個小祕密就是，我們無法說「不」、我們總會撥出時間給怪人朋友、擺平事情、聽親戚上當的故事捧腹大笑、或拿自己的經歷娛樂大家，結果我們也常現身於不怎麼熟、甚至（噓！）不太喜歡、有點畏懼、覺得可憐（或以上三者皆是）的人的邀約。你正同意地點頭嗎？我想也是。但，信不信由你，有人在臨時櫃台接待員邀請參加其生日派對時，只回簡單的一句：「抱歉，我很想，但我沒辦法。」臉上一抹親切的微笑，毫無罪惡感。

他們是怎麼辦到的？聽著，你也辦得到。你得回頭閱讀第七章，練習好接下來所需的一些技巧。但首先，我想我們最好先來檢視一下是何種思維模式，讓我們覺得令人失望如此困難。

沮喪與失望的差別

有一次我跟我的督導琳說，我的新個案多到讓我吃不消，她用一貫務實的態度問道：「那你爲什麼要全部接下？」答案不是顯而易見嗎？我想。我們身處助人的行業呀。「我不想讓他們覺得沮喪。」我說，帶著點防禦味道，覺得這似乎不是正確答案。「使人沮喪和讓人失望，中間可有不同？」琳這樣問我。這是什麼樣的問題啊？我想，但我從沒想過。我猜我一臉茫然。「不是一樣嗎？」我有點結巴，「當某人感到失望，你不就是讓他們沮喪了嗎？」

「我說呢，」琳回答：「當你今天遠道而來，我卻因爲有急事不在，你會感到失望，但我並不是有意讓你沮喪的，因爲情況不在我的掌控之內。但如果我就是不露面，那就是讓你沮喪了。」這個觀念太新穎，我一下子轉不過來。

「所以如果我拒絕了潛在的新個案，他們或許會感到失望，但我不見得會讓他們覺得沮喪，是嗎？」

「嗯，你可以推薦你覺得不錯的治療師，他們就依然可以得到幫助。而且誰曉得，如果你忙到不可開交，最終可能仍讓他們感到沮喪。如果有人覺得失望，那是他們自己得處理的情緒，不是你的責任。你毋須對別人的情緒負責。」

過度同理

無法拒絕他人要求的原因有很多。就像第二章所講的，這些可歸納爲迴避憤怒和尋求認可：害怕衝突，不計任何代價迫切想維持和平，害怕憤怒（你自己與他人的），盼望自我感覺良好，讓人喜歡我們。

但還有一種同理的角度是，我們不想讓人失望，因爲我們深知那種感覺，由此我們產生龐大的罪惡感，覺得自己要爲他人的情感受傷負責。

爲了避免這種罪惡感，我們明明想說「不」，卻很容易就答應了。只是我們眞的知道別人在任何情況下的感受嗎？我們自以爲懂，但我們絕不可能眞的了解。我們只能猜測，而那往往只是根據我們自認在那種情況下會有的感受，心理治療師稱此爲「投射」（有如把我們自己的電影投射在他人的螢幕上）。但這通常根本是不正確的，因爲我們的電影是融合我們的過往、經歷、恐懼和痛苦的大雜燴。

舉例來說，假如我得解僱某人，我會對此感到退卻，因爲我會覺得那是最糟糕的事情。我能輕易聯想到他們全家坐在房屋出售的牌子前面，孩子衣衫襤褸、腳前擺著乞討碗。而我身爲企業高層的朋友則認爲，她是讓他們有機會實現畢生夢想，像是環遊世界或受訓參加馬戲團演出。她眼中的機會，我則看作悲劇，我們誰對？

恐怕都不對，因爲每個人對事情的反應都不同。所以當我們拒絕他人或取消約會，我們得質疑自己如何假設對方的反應。朋友向我們取消約會時，會怎樣？通常不管我們再怎麼喜歡這個朋友，我們都會鬆一口氣，因爲我們想早點休息。所以對方爲何不會這樣想？

試著不要假設你了解對方的情緒反應。底線是你毋須爲他們的情緒負責，你只能扛起自己的情緒。這並不意味著你會變成無法同理人類的冷血變態，只是請你試著把同理心降個一兩度，看看會怎樣。我所建議的，就只是這樣。

把時間全給了別人

當然，矛盾的是，體貼的人往往還是讓人沮喪了，因爲他們讓自己被「超額預訂」，因爲他們當下無法說「不」。爲了不讓人難過，我們說不出「不」字，便偶爾（或經常）被超額預訂、雙重預訂、三重預訂或更多。

你也是這樣嗎？你週五晚上的行事曆是否用不同顏色的筆寫得滿滿的：

幫忙準備班級茶會。到X的歡送會露個面。幫家人準備晚餐。跟Y看電影。儘量抽空到Z的生日派對一下。

結果你每件事都不甚如意（即便是看電影也有點搞砸，因爲你一直想著廣告還有多久、電影何時結束、Y會討論劇情多久、你幾時可以禮貌地告退、要花多少時間才能找到Z的派對地點……），對一些人心生愧疚（你匆匆跟家人吃飯、沒空如願跟孩子好好聊聊、因爲保姆得回家所以你到派對也只能待幾分鐘），或是完全沒事，因爲你的週二、週三、週四都同樣排滿活動，結果到週五下午你已經累得癱倒。聽起來很熟悉嗎？

那麼答案是什麼？一樣，就是勇於嘗試改變作風。

「每一天令某人失望」實驗

勇於測試你隱藏的假設：你會面臨憤怒和反對，朋友怒極離去使你沒有朋友、沒人想邀，而非自覺很受歡迎、人人都需要你以致無暇分身，但有時（常常？）會過度消耗、筋疲力竭、滿腹厭倦。

柯絲蒂「令別人失望」的一週

柯絲蒂自告奮勇做這項進階的行爲實驗，爲期一週，還答應分享日誌（人名經過更動）：

星期三：今晚我搞出三個約，因爲我不想讓任何人感到沮喪，覺得我是膽小鬼。準備要跟大學老朋友尚恩碰面，他現在宅在家帶小孩幾乎沒機會出門；跟瑪莉看電影，我們好久沒見面，我覺得很愧疚；然後保羅提醒我要跟他去參加他的公司聚會，同一個晚上！知道會有麻煩一個禮拜了，卻始終沒有聯繫尚恩和瑪莉，因爲罪惡感，結果每天又責怪自己爲何還沒行動，罪惡感不斷加深……害怕讓他們失望而搞得自己生氣又緊張。最後寫電子郵件給他們——懦夫的做法。他們的反應都還好，但如果能更早得到通知應該會更好吧。必須提起勇氣早點通知人家！這兩個人好應付，因爲他們也是貼心的人，不會抱怨。

星期四：今晚應該要跟芭芭拉見面，工作讓她心情低落。但一天下來明白自己累到不行需要早睡，因爲熬夜加上公司聚會喝了太多，麥斯六點又把我叫醒。過去我不可能會想到要取消約會，我總會想辦法振作，例如吃塊巧克力或沖個澡就上陣，到了那裡我絕不會提自己多累，總是活力充沛、談笑風生，或看狀況表現。

但進入「每一天令某人失望」這週，決定鼓足勇氣抓住機會做出改變。我的恐懼因子非常高，因爲這個朋友從不隱藏她的不滿，她的憤怒和沉默在我敏感的憤怒偵測儀排名很高。實在太害怕，拖到下午五點才打電話，先做幾次深呼吸並演練了台詞，胃快痙攣，手不斷發抖。奇蹟，轉到語音留言！鬆口大氣！留了訊息，並未撤謊找藉口，就說我實在太累想要早點休息，還說希望她不要太失望，但知道有其他朋友會跟她相聚。恐懼中等她氣憤地回電，無法專心講睡前故事，又傳簡訊過去以防留言沒收到。終於，她打來了而口氣……甜蜜輕快！叫我別擔心，早點休息，以後再聚。簡直不能相信！至今我最大膽的實驗！爲什麼沒有更早嘗試。深受鼓舞，可繼續前進。

星期五：對房仲「優雅的說『不』」，他顯得冷淡，但事後又寄信過來口氣熱絡。是我不好，明明那屋子不適合卻表現得很喜歡，因爲當下不想傷害他的感情。蠢到家。這種情況換作保羅就直截了當了。房仲不喜歡我又怎樣？可能我偷偷希望當他最喜歡的客户之一吧……

星期六：美容工作室的難纏客户。講了她不想聽的話，她希望超時，但我得守住分寸。這對我眞是挑戰。她時間到前開始跟我說她分手的傷心故事，讓我十分煎熬。自覺殘忍無情，但守住了底線（抬出老闆當藉口）。

星期天：對貓咪說「不」！實在無法拒絕她的討拍伎倆：大眼圓睜、可憐的喵叫。我一直拒絕不了，會讓她覺得傷心不被愛。但我對貓毛過敏，只摸一下，過十分鐘就眼睛紅癢、喉嚨緊縮，決定以我的需求爲先不管她。畢竟，我怎麼曉得貓咪的想法和感受？賈姬會說我是把內心被拒絕的小孩投射到貓咪身上了！

保羅的媽媽過來吃午餐。試著不當完美兒媳，把關懷工作都留給保羅。當她提起全家耶誕計畫，我說我們還沒想好，稍後再跟她確認。她看起來很惱火，因爲我向來都很配合。很不自在，是至今最難面對的反應。

星期一：開始調整麥斯的睡眠習慣。訂出比較明確的上床時間，當他跑進我們房間就帶他回自己臥室，溫柔但很堅定。書上說兩個禮拜可以打破舊習，但願如此，因爲這對我們全都很煎熬。麥斯哭了一個多鐘頭，我心都碎了。保羅跟我同一陣線，幫助很大。

星期二：供暖鍋爐又壞了！水管工令人失望，即便之前花那麼多時間又煮茶跟他打交道，以爲他會對我們好些。電話上對他有點距離也講了實話——我們快凍死了！瑪莉叫我買鍋爐險，犯不著浪費力氣討他歡心。

這週過後，我問柯絲蒂作何感想。「發現我其實能避開什麼，很令人意外。大家沒我想像的那麼在意，也很講理。有些地方有點可笑，但我告訴你，那個早睡的晚上，讓我有精力訓練麥斯睡覺，我相信那對我的理智太有幫助了！」

「最難的部分是？」我問。

「肯定是我婆婆。我想我不像往常那樣唯命是從，讓她很震驚。之後的關係有點緊張——我想她應該很氣我吧。」

柯絲蒂與我都同意，隨著她打定主意不再老把別人的需求放第一，絕對會有更多的挑戰等在前面。

「變回來！」現象

柯絲蒂從婆婆那裡得到的是「變回來！」現象，海瑞亞．勒納在其經典著作《憤怒之舞》（*The Dance of Anger*）中有著精闢描述。你改變作爲，就等於改變了規則，周遭的人（你無意中將其訓練得對你抱著某種期待）幾乎必然地會感到失望。有些人覺得憤怒和受傷，並毫不保留地表現出來（如柯絲蒂的兒子），有些人則沒那麼直接（例如她的婆婆）。還有些人當發現昔日的互動規則不再，又不想照新規矩來，便從你的生活中消失。各人大概都會用某種方式讓你知道他們的反應。這就是「變回來！」現象。

你當然對這些一輩子竭力避免的情緒超級敏銳，他們不用說半個字，只要嘴角稍稍下扯、眼睛微微細瞇，就足以讓你大腦的威脅偵測器——杏仁核——瘋狂作用（見第285頁「心中的猛虎」）。當這種情形無可避免地發生，努力提醒自己爲何想要改變：你的動機何在？那就是民權運動流行的一句話：盯住目標，心無旁騖。也許是你想成爲孩子的榜樣（如珊曼莎，見第248頁），或是明白唯有如此，才能增進健康與福祉（如亞曼達，見第82頁）。

不要對新的果敢舉止搖擺不定，那會送出混亂的訊息，讓人（尤其是孩子）不相信你的話語。他們的「變回來！」行為可能包括操弄、使你內疚或施以處罰，像是生悶氣或冷淡你。試著找位可靠的朋友讓你保持冷靜，尤其當目標對你意義重大時。有些情況下，也不妨冷靜明確地告訴你在乎的人，為何你要改變規則，為何那對大家都好。如果你深信自己的論點，堅信自己有權如此為之，就很有機會說服他們。

微失望

你在第三章首次遇見的體貼朋友麗茲，實驗「敢於讓人失望」已有一年。

我問她情況如何，她回信表示：

我強烈感到在治療之後，很多事都有了改變。整體來說，我變得比較平靜，沒那麼緊繃。儘管我還沒能從生活中去除一切壓力，但我卻應付的好多了。我明白我老覺得有義務要常跟朋友碰面，而我開始能夠質疑這點。在朋友方面，我做了一番大「清理」，留下的都是能讓我開心的快樂泉源，但那過程頗爲艱辛。現在我的親近好友不多，這樣比較好，我覺得能夠掌握所有的人際關係，不再覺得那是一種壓力或義務。

而與孩子的關係，是截至目前最棒的收穫，幾乎達到完美。我學到放手，懂得選擇戰場，結果親子間變得更加親近，我們彼此談心，花更多時間相處，他們的同學更喜歡來我們家玩。偶爾我仍覺得被視爲理所當然，看到屋裡一團混亂也經常要默數到十，但我寧可房子雜亂、關係緊密，而不是相反的狀況。

柯絲蒂和麗茲的故事顯示的是導致規模稍大、顯而易見的失望情形。而造成比較幽微的失望，又是何種狀況？當我們選擇不那麼鼓勵地微笑、對別人的笑話不捧腹支持、不向人提出有意思的問題然後全心傾聽，會怎麼樣？我稱這種作「微失望」。

有一回，工作坊的討論來到「微失望」，我問大家能否想到自己有這樣的例子，好提高學員對這類行爲的覺察。一位女性說她知道自己有這狀況，尤其當對象是男性時。

「我無意自抬身價，」她不好意思地說：「但男人常迷上我，我對他們卻連喜歡都談不上。我想我這輩子都在做這樣的事卻不自知，也不知道有其他的選擇。」

潘妮五十來歲，是位充滿魅力的校長，對這項驚人的體認大笑以對。「告訴各位，」她說：「我結過三次婚，因為我不想讓希望娶我的男人失望。」不誇張，全場發出的驚嘆清晰可聞。

「你在說笑對吧？」她鄰座的女士問。

「但願如此，」潘妮略為窘迫，「我最後一任丈夫，情人節當天在一間美麗的餐廳向我求婚。當他拿出婚戒，我可以看見他眼裡的脆弱，怕被我拒絕的恐懼，我完全無法說『不』。我答應了，但我知道自己並不想嫁給他。這樣根本不對，但我就是不能忍受他臉上的痛苦和失望。」

「哇，」她鄰座說：「那你現在有在約會嗎？」

「呃，其實今晚就有一個，我喜歡他，但程度還好，我就在想怎樣實驗別那麼熱切、對他差勁的笑話別怎麼笑、稍微冷淡一些——更流露眞我。但這挺難的。舊習難改。」

我們會在第十一章看到這個約會的情形。同時，還有另一種進階行爲實驗的挑戰。

少幫點忙沒關係

當有需要志願者的場合出現（有時甚至沒有那麼明顯的需要），你能否試試（名副其實地）置之不理，不要自告奮勇？眼見別人有求，自己卻無所作爲，這需要你打破多少「僵化的個人守則」？他人時時有求，可說沒完沒了，但你自己的需求呢？你把它們擺在哪兒了？

我最近就碰到這項挑戰。我在等46號公車，一個小劇場即將展開。一位女士匆匆趕來，略顯驚慌，向隊伍探問公車路線及到站時刻。過一會兒，我看見她和隊伍中的一名女性站在路旁，大力揮手，希望能攔下計程車。我坐在公車站後面的木頭長凳上，啜著外帶咖啡，享受著長冬以來蒼白肌膚感受到的美好春光（見第169頁「一日三好事」日記），我感到體內一陣緊張。當這兩位女士企圖攔車，我能感受到她們的焦慮，她們的肢體語言緊張而絕望。我開始編排劇情：A女必須趕赴緊急的約會，時間快到卻迷了路，B女試著幫忙但效果有限。我能感覺到大腦中的體貼者神經迴路亮起，告訴我：「去幫忙！做點什麼！」但我反而做了幾個深呼吸，自問：「我眞能做什麼她們沒做的事嗎？」

我自覺地專注感知當下的肢體感受（咖啡的香，陽光的暖），並努力平撫自己。等我再次望過去，A女已然消失，想必是叫到了車或找到自己的辦法。無論哪種情形，都不需要我的幫忙。

不用插手。練習置之不理。

如何開口求助

上述那種導致過度幫忙的舉止和信念，反面往往是無法向人求助的強大障礙。我把這列爲進階版行爲實驗，因爲就許多方面來說，這也許是很多體貼的人最大的難題。讀到這裡，你退縮了一下嗎？還是（更可能地）你打算跳過這一節，根本不想面對它？

個案們告訴我無法求助的理由，共通主題正是「僵化的個人守則」的各種版本，像是：我必須時時堅強，自立自足，不被擊倒。若再問他們，眞要開口求助的話會作何感想，就必然會聽到那守則的反面：假如開口求助，我將被視爲無力、依賴、脆弱；他人或將利用我，而我將虧欠他們。其他常見的守則可能涉及掌控與完美主義，背後往往藏著不自知的焦慮，例如找人幫忙毫無意義，他們反正也做不好，我一手包辦最快也最簡單。

想當然耳，這樣的思維導致了厭恨、犧牲感、孤立，以及一種信念：我單獨背負所有責任，沒人能幫忙。

蘇西的進步

如果你記得第一章，蘇西和五個手足由單親媽媽養大，爲此媽媽身兼三份工作。家裡不成文的規定是：千萬別向人訴苦或求助；我們團結一心，自行應付。蘇西把這條守則帶入了成年，雖然她很會叫孩子做好分內之事（如同她與兄弟們以前那樣），她卻幾乎不透露內心所想，更從不開口求助，除非容許她有所回報。

我們在諮商中對此研究數月。很能洞悉事情的她，很快便看出她感到孤獨、沒人了解她這件事，與她不願讓人知道自己並沒那麼堅強有關。

「大家都以為我是無所不能的女超人！」她會向我抱怨。

「但你覺得原因何在？」我就問：「唯有當你敢於讓他們知道眞相，知道你跟大家一樣都在掙扎。」但這對蘇西來說，風險實在太大。她知道那是因為她內在那個小孩太害怕打破家規，某種程度來說那有如生或死，但她就是無法說服內在小孩讓成年的她放手一博。

在諮商治療中得到了鼓舞和支持，蘇西眞的開始承擔這些重要的風險。她和另外兩位媽媽成為知交，開始揭露以往密密封藏的自我面向。她也向她們提出一些實際需要的協助，如每週一天幫忙接孩子放學，她遂得以參加提升表達能力的成人課程。

潔西卡的進展

體貼的同事潔西卡的家中庭訓也很類似：不要依賴，奮勇向前，不可求援。因此她若在工作上向人求助便會感到愚蠢和丟人，因爲她應該要知道怎麼做或應該要能自行解決。但一方面她勇敢地逐步克服上層的恐懼（見第225頁），也終於來到她知道必須求助於主管幫忙設定界線，並向提出過分要求的同事說「不」。這件事她一個人做不來。以下是她治療日誌中的記載：

向主管坦白是一大步。我照實對他說，要推拒不太合理的要求和期限，我覺得很難。當下我非常擔心，好像我是在批評那些最後一秒來要求的同事，但主管說他覺得我很對！他建議我先自己擋掉，若擋不掉就隨時找他。而有時候只是知道他坐在一旁，就給了我足夠的勇氣婉拒某人。

我問潔西卡，當她面臨開始拒絕同事要求的艱難時刻，那是什麼感覺。「起先我非常緊張，」她告訴我：「但試過幾次後就容易多了。我想現在大家比較習慣可能會聽到一個『不』字了。」她面帶微笑繼續說：「你知道什麼最讓我驚訝嗎？當我說我沒辦法時，對方大都能坦然接受！」

這會讓你做出改變嗎？

其實你不用天天讓某人失望，你更不用因爲想在這堂課當優等生而刻意造成失望。我生出這個概念，一來是爲了好記，而它似乎也爲望之令人生畏的挑戰帶來一絲趣味。一個朋友告訴我，她常在塞車時想到這件事，不禁就露出淘氣的笑。從來都是她要求自己要照顧好所有人的情緒，確保大家都開心，千萬別讓任何人失望！而這個想法讓她看到其他的可能性——事情可以有所不同，偶爾嘗試不同的作爲並不會讓她成爲邪惡的人。「我甚至開始不再自動禮讓每個想擠到我前面的駕駛人！」她說，眼中閃閃發光。

記住：只因你開始留意自己的需求，不意味著你將變得差勁或自私。你會發現當你付出時，你是出於眞心和自願，而那對所有人都會更好。

摘要

這一章觀照了更多種實驗，以打破你既有的體貼信念模式：

- 令人沮喪與對方感到失望，兩者有所不同。你不必爲他人的情緒負責。

- 你不能假設他人的反應。你取消約會，他們可能會鬆一口氣，因爲能早點休息。
- 做好心理準備，旁人終將透過各種直接、間接的方式，試圖要你變回昔日那個受詛咒的貼心之人。保持堅定，專注於你要改變的初心。
- 少幫點忙，置之不理，別搶當志願者。
- 在情感上和實務上，實驗向你信賴的親友傾吐弱點、尋求幫助。

10

為被動的艱難處境或對話做好準備

在你試了一些行爲實驗（甚至進階版的）之後，希望你生出更多信心，應付你有時間思考對策的艱難處境。我稱之爲「主動行爲」，因爲就某個程度來說，情況在你的掌握之中。以我拿洋裝去店裡退貨的實驗爲例（見第229頁）：我能控制日期與時間，於是理論上可以等到我覺得能應付這種可怕局面時才展開行動。他們如何回應不在我的掌控範圍內，但經過運籌帷幄，我想過各種可能的狀況，包括幻想中全面性的肢體大戰（有點像好萊塢電影中那種酒吧鬥毆），也選好適合的工具並仔細擦亮。

擬定應對策略

不用說，人生許多最難的互動都屬於回應式的：它完全不在意料之中，我們當下被迫回應他人與他們的強烈情緒。而即便是這種情形，我們仍有應對策略可用。

我想以一項溫和卻極其有效的事情開始：用呼吸展開改變。這聽來似乎太過簡單，但我體驗過正念呼吸的提升力，很想與你分享。以下是個具體事例。

前不久，我在荷蘭主持一場訓練營，學員來自全球各地。其中一位看起來陰沉而惱怒，彷彿一點兒也不想置身於此，而是更想把握可能是這個夏季的最後一個晴天前往某地。她對我怒目而視，嚴厲地表示她必須坐在前排，她聽力不好，我必須提高聲量（那時我應該都還沒開口說一個字）。

就著教材講了十分鐘左右，我問大家有沒有問題，這位不好應付的奧爾加咆哮了：「我一個字都聽不到。」「好，」我說，感到充滿恐懼的冰冷手指掠過身軀，卻還是戴上愉快笑容（肯定沒瀰漫到眼睛）的假面具：「誰能爲奧爾加稍做摘要？」

在誰都來不及開口前，奧爾加搶先說話：「沒有必要。我都知道。心理學是我的嗜好，你沒有更多可以教我的了。」

此刻寫著這則案例的我面露微笑，但當時我只想爆哭逃跑或是甩她巴掌。戰鬥、逃跑、僵住，肢體面臨威脅時的反應瞬間啓動。我的胃因焦慮而翻攪，肩頸肌肉整個僵硬，嘴巴發乾。大腦的威脅偵測器杏仁核無可漠視地大鳴大放：「叭叭叭叭叭！切勿停留！離開這棟大樓！別管那些掛圖！威脅在前！生死關頭！」（擔任實習記者時期，我學到不可用驚嘆號，但我眞的認爲杏仁核是用這種語氣在跟我們溝通。）

心中的猛虎

人類發展出思考、規劃、解決問題等高等認知功能以前的數百萬年，杏仁核一直是讓我們得以延續基因、極其敏感的威脅偵測器。舉例來說，當我們的史前祖先察覺稀疏草原上的某種動靜可能是劍齒虎這類掠食者，杏仁核便即刻啓動，我們今天所謂的壓力反應隨之上演：腎上腺素渾身衝竄，心跳急劇加速，把血液打到四肢以準備對付猛虎（戰鬥）、逃命（逃跑）或躲在草叢中（僵住）。

知道壓力反應是由某件我們難以掌控、從演變的角度看則非常合理的東西指揮時，許多個案都覺得如釋重負。

如今，我們人類是認知功能複雜的高等生物，我們不再需要時刻警戒獵食的野生動物，但我們發達的杏仁核依然在待命，不放過任何輕微的危險訊號，即便那些威脅大多只存在腦中。那些猛虎存在於我們心裡，而非稀疏草原。

在那個訓練工作坊中，奧爾加並不會帶來實質的肢體威脅，但我感知到她的危險，壓力反應隨之啓動。

一旦陷入這種生理反應，我們大概都無法冷靜並有邏輯地思考，因爲杏仁核主宰了大腦，認知功能區域無法正常作用。「我沒法好好思考！」你可能會這樣大喊（或想著），而這正是事實。

再以汽車警報器爲例：當它啓動，車鑰匙便無法作用，誰都無法進入車內或把車開走。同樣的道理，我們的思考腦也無法作用。

呼吸的力量

此時，我們又回到「呼吸」這個簡單卻極其有效的方法。藉著有意識地專注於呼吸，留意氣息的進出，我們似乎能解除萬年來內建的警報器，然後連結到大腦的思考區域。

基本上，你可以接近那部大叫而著急的車子（叭叭叭叭叭），深呼吸三次，鑰匙重新能用，門可打開，引擎可發動，你能開到你想去之處。這需要練習，但效果不可思議。這麼做看似需要很久，但實際上，三個緩慢而有意識的深呼吸只花不到幾秒鐘，便能把你拉出心中那頭猛虎帶來的恐懼，重啓大腦能解決問題的冷靜區域。

面對奧爾加，我記起了呼吸的力量，開始很有意識地、非常緩慢地呼氣、吸氣。並非我盯著腹部看，但我清楚地意識到氣息（可以說是讓心眼注視著它），感覺它在我呼氣時把胃部貼到了褲腰。我對著奧爾加微笑，意識到在她憤怒嚇人的臉孔後面，恐怕也是受驚的靈魂。

根據心理治療概念，我們的行爲總是成套出現，所以奧爾加恐怕是受驚—嚇人。但我們的同理心只能在杏仁核（汽車警報器）關掉時出現，因爲同理心是較高層的大腦功能，當我們處於戰鬥或逃跑的狀態下是無法作用的。透過深呼吸讓警報器關閉，我得以啓動同理反應。由於我有過一些與聽障個案互動的經驗，我了解這可能是造成奧爾加焦慮的因素，於是向她強調我很歡迎她的專業，若我忽略了任何重點，請她隨時提點。

無論你對我的解決方式有何看法，重點是，我能恢復一切解決問題的能力，應付眼前難題。令人驚異地，我這個方法似乎很管用，奧爾加成為我的榮譽助手，支持著我迎來結束時的掌聲。

「3-5呼吸法」練習

先把注意力放在呼吸上，做一會兒吸進呼出。把手輕輕地放在腹部，感覺它的起伏，會有幫助。吸氣時會擴張（起），吐氣時會落下。只要專注在呼吸，不必嘗試改變，你的注意力將凝聚當下，遠離那些盤據心神的無益思緒。

再進一步，和緩地放慢呼吸的速率。吸氣數三下，吐氣數五下，效果很好，這叫做「3-5呼吸法」，很快能讓你感到平靜，思慮恢復清晰。

認知到恐懼反應是來自過往經歷

如我們在第二章所見，我們對於憤怒的恐懼往往來自童年時面對周遭人的憤怒無力回應。幼小的我們仰賴成年的照護者，當他們的怒氣造成了傷害或驚嚇，我們幾乎是無能爲力。就我們所見的威脅反應，逃跑絕非幼童的長久之計，僵住更非上策。大人無可預期的怒火，意味著孩子最有效的「出路」常是控制他們唯一能控制之事，也就是自己的行爲，避免「引爆」難以預期的反應。於是貼心孩子的模式演變成爲體貼的成人，對他人升起的怒意超級敏感，並且擅於控制（或壓抑）自己的脾氣。

你必須了解，你的恐懼反應往往來自幼小無力的童年，與現在的威脅和你成年的應對能力完全不成比例。這又要歸咎到杏仁核：它儲存了可怕記憶，卻沒有時間意識。所以舉例來說，當我看見奧爾加咬牙切齒、瞇起雙眼，我的杏仁核警報大作，彷彿我回到三歲，即將被掌摑。這樣的「學步兒驚恐」（見第184頁）藏在我們許多的反應背後。我們的反應是出於過往，而非根據現在。

讓自己定錨在當下

我發現讓自己「定錨」在當下這個正念技巧，是對付「學步兒驚恐」的有效對策。用五感把自己帶回到眼前，經由觸、味、嗅、聽、視覺，體驗此時此刻。例如你可能感覺到腳下的地面，確實地「穩住」了自己。我的個案們愛用的點子還包括：

- 觸摸穿戴著的首飾，特別是意義深重、重要之人送的禮物。
- 感覺身上衣物的質感。
- 嗅聞自己的香水。
- 喝一口水。

• 覺察自己的呼吸。

這些都能產生定錨效應，把你帶回當下。

BEAR技巧：呼吸，稱頌，接受，尊重（Breathe, Eulogise, Accept, Respect）

這個技巧的概念是，運用呼吸化解剎那間升起的恐懼，引導你安撫可怕的對方，讓他們感到安全，你也不怕會被攻擊。

我和同事華爾・桑普森（Val Sampson），根據她所寫的《譚崔：神魂顛倒性藝術》（*Tantra: The Art of Mind-blowing Sex*）推出工作坊，也創造出BEAR這個首字母縮略詞，主要對象是因親密問題陷入衝突的伴侶，雙方連對話都不敢想，也閃避了可能改善關係的重要話題。

取BEAR這四個字母的意義是，在恐懼和緊張時容易記得，至少你能記住前兩個字母，那就足以挽救危機。桑普森和我各教過的幾十名個案，以此應對眾多棘手情境，都獲得非常正面的成果。

呼吸

呼吸不僅能讓我們從腎上腺素導致的戰鬥、逃跑、僵住，變得比較平靜、可以理性思考，還能柔化我們焦慮時散發出的強烈非語言訊息。如之前所說，研究不斷證實，實際說出的話語只占溝通的一小部分，聲調和肢體語言則更爲重要，特別是後者（見第193頁）。主要乃透過臉部所謂的細微非語言溝通，尤其是眼神。

通常我們準備對伴侶說出難以開口的事、或聽到他們講出我們難以接受的話時，我們的臉部會因焦慮而布滿緊張，對方很容易從這些明顯的非語言訊息得悉。而無助於緩和情勢的是，焦慮的臉部信號很多都與憤怒雷同：我們可能收緊下巴，看起來嚴肅而生氣；皺起眉頭，瞳孔縮小如針，臉部顯得僵硬冷漠、充滿敵意。於是伴侶（或朋友/上司/小孩/父母/同事）很容易以為我們在發怒，一瞬間，他們的杏仁核便不自覺地驅使身體做出防衛或攻擊之舉（戰鬥或逃跑）。

如果你在開口或答話前，先把臉部的緊張呼出去，極有助於柔化那些非語言的暗示。在此同時，儘量別咬緊牙關。可以活動下巴放鬆一下，可能的話看看鏡子，觀察自己臉部傳遞出怎樣的訊息。（若看到自己做困難溝通時的錄影，多數人都會大吃一驚。）

稱頌

Eulogise 意思是「高度讚美」，其背後的觀念是，藉著向對方誠心說些稱讚的話，能讓對方感到安全，卸下敵意、防衛或攻擊之心。這不是操弄，所以只爲討好而非出自眞心的話別說。對方會察覺到你的不眞誠，只會導致反效果。再者，比起泛泛之言，最好能有明確的描繪。舉個例子，告訴伴侶「我好喜歡我們晚上依偎著看電視」，要比「你知道我愛你」好多了。

接受

接受意味著全心聆聽，不嘆氣、不打岔，連眉毛都不要挑。任何處境，各人都有自己眞實的觀點，會很想要言語交鋒（「從我的角度看」／「不，你從我的角度看」），而這類爭執會嚴重傷害任何關係，不論是家裡或職場都是。當你接受別人抱持不同的觀點（他們有絕對的權利如此），就能以尊重並有效的方式來解決問題。

尊重

我們對最親近的人說話能有多不尊重，實在令人驚異。最常見的就是（名副其實地或隱喻性地）手指對方、用「你」字展開控訴——「你從不做X」、「你總是說Y」、「你真是超級Z」——口氣則往往落在冷淡和輕蔑之間。在你想開口之前，先問問自己：我有辱罵、羞辱、責備對方嗎？反過來試著以「我」開頭來表達你的感受。

分享一則來自工作坊的例子。一位女士告訴大家，她在結婚週年慶的假期開始，拆開包裝精緻的禮盒，卻發現裡面是一件亮面緊身洋裝。她說她感到體內升起一股對先生的強烈怒火：他怎能這樣？他把她當作誰？那個放蕩的前妻嗎？他根本不愛她嗎？她犯了什麼滔天大錯？失望、震驚、困窘、憤怒、自慚、恐懼，全部交織在一塊。她火力全開，他也毫不示弱，兩人的浪漫週末破壞殆盡。

在工作坊裡，她想著若用上BEAR這個工具，局面能有怎樣的不同。深呼吸(B)緩和一下心痛後，她想到真誠的稱頌(E)：「你花心思幫我準備禮物，這讓我好感動。我知道你的努力(A)。但我對這麼暴露的衣服很不自在（R，「我」的陳述）」。

運用本章這些工具，似乎頗有助打開對話和解決問題，不致彼此交鋒，戰火高升。

摘要

很多時候，出其不意的對峙讓我們感覺受困。這一章旨在提供一些緊急工具，用來應付這類情境：

- 呼吸的力量：有人挑起你的恐懼反應時，做兩、三個緩慢悠長的呼吸，讓杏仁核「汽車警報器」停下，給自己時間平靜清晰地思考。
- 恐懼反應升起時，試著讓自己「定錨」在當下：啟動觸覺、味覺、嗅覺、聽覺、視覺，回到此時此刻。
- 發現自己身處艱難對話或處境時，記住BEAR——呼吸，稱頌，接受，尊重（Breathe, Eulogise, Accept, Respect）。

11

成為有所選擇的體貼之人

這本書最主要的目的是協助你做出改變，讓你體貼依舊，但只在你願意的時候。也就是，當個有所選擇的體貼、可愛之人。如先前所說，我絕對沒有批評任何人的體貼舉措。能擁有那些技巧很棒，許多難以跟人連結的人對此都欣羡不已。我想做的只是提供更多選擇，讓你知道你還能表現其他的舉止，而當你決定要當個貼心人的時刻，完全是從心所願。這將讓你不再感到被他人的期待綑綁，換言之，從體貼者詛咒掙脫，將它轉爲祝福。

改變需要時間：現在我是誰？

當你這樣的舉止歷時經年，且那又源於藏在潛意識裡的童年信念，想改變就難上加難了，不僅會碰上第九章談到的他人要你「變回來！」的壓力，你自己也很迷惘：若不處於體貼者自動模式的話，你是誰呢？

體貼的同事潔西卡跟我說，要找出她口中的「新人格面具」，實在好難。「我從來都不是個果敢的人，」她說：「所以我不知道她會是怎樣的人。我意識到當我產生信心，我會採取新的說話方式，而這個新的我，語氣有時顯得高高在上。」

另一位個案也在最近告訴我：「處於自動模式、取悅所有人，實在容易多了。現在我努力展現真我，卻覺得赤裸和不安。有點像我不知道該怎麼應對了，那讓我有點緊張及脆弱。」

潔西卡並無意回到她眼中那個「老是充滿歉意」的自己，所以她想出一個大膽的辦法——請兩位她信賴的同事當觀察員。「我告訴她們：『當你們發現我正用那種屈尊俯就的新口吻說話，拜託告訴我好嗎？我並不喜歡自己那樣。』那果真有效。當我講話時瞄到她們在偷笑，我就會住口、然後換個方式，或是對自己說：『我又來了，對吧？』明白那並非世界末日。」

健全的假我

唐諾．溫尼考特是第一位書寫「假我與眞我」的心理治療師。他認爲每個人都有這層外在的保護，也主張我們都需要健康的「假我」，讓我們在公開場合進退有據。唯有當我們與內在的「眞我」失去連結，我們才會有問題（或不健全）。

作爲社會性的存在，我們不可能時時展露眞我；我們得考慮別人的需求，以及各種場合的社會條件。因此，我們可能想叫老闆閉嘴、在悶熱的會議室裡扒光衣服跳到桌上跳舞、在婆婆面前生悶氣；我們有這些選擇，但當我們有意識地想及後果，應該就會表現出社會可接受的行爲（也可能不會）。

而對許多人來說，卻不盡然有個發育完備的眞我等在那裡，隨時可以出場。那沒關係，就先依你習慣的假我而爲，慢慢嘗試一些也許接近眞我的舉止，直到對這個人格很有把握。不妨把它想成一件新衣，平常你不會挑它出來穿，但在安全的私下環境也許就會。

下面提供更多參考，你可拿捏納入「眞我行徑」的庫存。某個程度，那有點像走高空鋼索者的安全網，而那正是你，勇於嘗試改變。

有界限的慈悲

你能展現有界限的慈悲，心理學教授瑞秋．屈萊帛（Rachel Tribe）是第一個讓我見證此事的人。她是我在東倫敦大學念高等諮商心理學碩士時的課程導師。對學生所處的考驗、磨難、壓力和焦慮，她眞心關懷。任何學生有困難，她總是同理地傾聽，想盡方法從新的角度給出建議。

我特別記得一個日子。那是某個作業截止日的前一週，不難想見，班上不少人對此十分頭痛。那天早晨講課後的提問時間，幾個學生開始用各種藉口要求延期：生病、搬家、父母病倒、小孩生病、工作遇到麻煩……。屈萊帛教授仔細傾聽，同情地點頭，然後說出一個禮貌但很堅定的「不」。誰要是有必須遲交的真正原因，可填寫申請文件並附上相關證明（如醫生所出示的文件）送至辦公室；否則，期限照舊。

我絕對會說這就是「優雅的說『不』」（見第205頁），卻也是極不受歡迎的「不」，遭致某些同學很大的反彈。但她毫不動搖，表情仍是真誠的關懷。我印象之深，從此烙印在心。那讓我了解到一種新的可能性，新的做人方式。而這又不只是學到怎麼優雅的說「不」。「有界限的慈悲」當中有一種思維，亦即

「我有權設定界線」或「即便人家不喜歡我的決定，我仍是值得喜愛與敬重的人」這樣一種信念。

許多貼心的人不知該如何設定界線，可能也幾乎沒有過這種經驗。這個說法經常聽到，沒有體驗卻很難解釋清楚。有些個案覺得這樣做有用：想像自己與對方之間存在著具體的阻隔，藉此避免自己受到對方情緒的渲染，以致明明不想、卻同情過度又說了「好」。這個東西通常是身旁一圈保護亮光（挑你喜歡的顏色），或是更具體（但要透明）的東西，像是防撞泡棉。有位個案想像自己夢中小屋之外圍著高牆，高高的鐵門設有對講機，於是當那喜歡主宰她的前夫或不斷干涉她的母親來按鈴，她可以決定是要開門放行、還是把他們隔絕在外。這有效提升了她的自尊及安全感。

小小的勝利，而非部分的失敗

踏上覺察與改變的旅途，務必要對自己懷抱慈悲。記住，你要改變的舉止和信念往往根植於童年，其難度不下於改掉咬指甲、撥頭髮、療癒性吃喝等習慣。

將改變化作微小的步驟，當有所進展時一定要獎勵自己，即便那在不屑的批判聲音中看來是何等的微不足道。這裡是潔西卡對自己前進步伐的感想：

治療中學到很有用的一點是：我們共同設定的改變，是項很艱鉅的任務。連「不想時就別對人微笑」，我都覺得好難，但這卻是我很想做到的事情。作爲一個完美主義者，我眞希望有天上班時，面對任何狀況都能100%的果敢，讓大家立刻接受。你讓我了解到，微小步驟不可或缺，我該視之爲小小的勝利，而別認爲是部分的失敗。所以即便我對人說「好，可是……」，而非一個明確的「不」，那仍是個進步。我要對自己仁慈，想說我做得不錯，下次可以再前進一點。

潘妮的約會後續

潘妮，那位怕讓對方失望、無法對愛上她的男人說「不」而有過三次婚姻的校長（見第269頁），來信告訴我，那次工作坊中她決定展開的行爲實驗後來如何了。如果你記得，當晚她正要與一位她感覺還好的男士共進晚餐，她想試著收斂一點熱切，表現更多「有界限的慈悲」。

「我發現這眞的很難。」她寫道：「他訂了一間非常時尙的高級餐廳，壓力和內疚瞬間累積，我感到必須對他好，不能讓他失望。」

還好，潘妮事先有挑選溝通工具（見第七章）。她深知自己對有困難和問題的師生具備「堅定而仁慈」的本事，而這些技巧可以移轉，用於她需要質疑那根植於童年（來自母親）的「僵化的個人守則」之時，例如女人絕對不可讓戀愛中的男人失望。於是，在昂貴豐盛的餐點中，她直視對方，坦誠而堅決。「你是非常體貼的男人，」她說：「但我目前的生活有太多課題，如果不停止這段關係，便是對你不誠實。」

潘妮寫道：「我可以坦白說，這是我這輩子第一次很有覺知和目標的這樣做。那眞是個轉捩點。他很難過，但如果我任這段關係繼續，結果必然更糟。」

那些做出改變的體貼之人的現況

我想，你可能想知道我們在此書遇過的某些人，後來如何了。

貼心的男人哈米胥怎樣了？

哈米胥竭力嘗試接受並整合自己的各個面向，包括他曾標誌爲「暗黑的一面」（見第88頁）。在我們諮商療程結束前，他還沒完全接受這部分的自己，但明白這是他作爲眞誠完整的一個人，必然存在的部分；也知道唯有揭露這些部分，才可能有深入的親密關係。他花費了很多心力，建立起深刻的友誼，主要就在他不再只讓自己顯示「可接受」的貼心那一面，而願意展現過去的一些禁忌。

因爲新工作在美國的另一個城市，哈米胥終止了這個療程。他自認能在新的環境重新做人，朝自己的理想前進（可說是他的「耶誕前不可微笑」，見第198頁）：調控他燦爛的笑容、可愛的笑話、過度幫忙的本能。

他開始留意體內被壓抑的怒氣，認出在飆漲中的腎上腺素。他知道那意味著他正努力消除讓他困擾的思維（像是對煮粥鍋的氣惱），並開始嘗試加以表達——尤其是對他太太。我不知道他們是否順利解決、繼續往前，還是兩人關係經不起這個新的動態。如果我假裝所有的結局都美好開心，那是在誤導你，但我希望哈米胥是邁向他希望的境地。

這裡做個提醒：有時在一段你屬於被動的關係裡，想變得比較自信，會讓人感到不安全。有時，那股要你「變回來！」的壓力會演變成暴力。若是這樣，你要盡力尋求安全：求助，致電警方，跑到安全之處。伴侶諮商或許有幫助，但前提必須是你們先訂下雙方安全守則。

體貼的伴侶亞曼達怎樣了？

我們共同打造「怨恨氣壓計」（見第85頁），幫亞曼達追蹤「過度付出」這個傾向讓她的身體在與賽門的關係中付出了什麼代價。情勢漸漸出現變化。首先，兩人的關係有點觸礁，賽門似乎在拉開距離，亞曼達對此感到十分痛苦。但在我鼓勵她重拾往日草草中斷的朋友及興趣時，這段關係似乎也找到了平衡點。

《憤怒之舞》作者海瑞亞．勒納談到人在親密關係當中，常落於「作用過度者」或「作用不足者」的境地。一開始，亞曼達過度作用得誇張，讓她付出很大的代價。她開始給自己更多時間，得到很大的快樂，也讓她重新充電。她不再那麼常跟賽門在夜裡通話，而通話時，她會要求自己說出對健康的隱憂、工作上的麻煩、她的個人感受。她承認，坦承自己的情緒及弱點可能是最困難的部分，卻也讓彼此更加靠近。「我們的關係變得眞實不少，我想是因爲我敢於變得眞實。」

茵迪拉如何運用BEAR技巧

茵迪拉跟我結束諮商的一年後，給予我以下的回饋：

我非常喜歡用你教的BEAR技巧（見第293頁）。它用在家人身上比較難，他們不太能接受我做改變（也許我自己也是？）。然而，這讓我不再以非黑即白的眼光看事情。這提醒我別只接受旁人的想法，也要接受自己的，這對我難度很大。當我對自己重複BEAR，我不僅能稱頌別人，也能稱頌自己！

所以當我媽在我跟我妹妹吵架後，寫信來說我「錯」得多離譜時，我就使出這招。我沒有陷入痛苦並責怪自己、或回以一封挖苦信。我思索了一陣，對朋友嚷嚷了一番，接受了我媽恐怕也很煎熬，畢竟兩個女兒彼此不講話，又都向她吐苦水，她一定很左右爲難。我回信正視她的難爲，告訴她我對她的期望，避免去談我們姊妹的孰是孰非。她沒回應並不出我所料，重點是這改變了我對自己的看法，知道我有權表達意見和情緒，而不責怪自己或他人！

我對與所有家人的溝通產生自信，不開心時也更能應付他們。

蕾貝卡如何運用溝通技巧

我納入這則故事，因爲這證明有人採取了此書的概念與對策，成功打敗其恐懼層次表上的高分項目（見第223頁）。

我們稍早前遇過的蕾貝卡，對所有人都是一種激勵。她年輕聰明，從事媒體工作，勇敢投入三面向的轉變：思維、感受和行爲（見第37頁），也得到了肯定。眼前仍有許多問題有待解決，但她已有一一克服的心理準備。

得到夢想工作後（打敗數百名競爭對手），她非常開心：老闆對她極其關心，特別花時間帶她熟悉狀況，鼓勵她展現自己。

「我想，當他開始說我有多麼特別，給我那麼多額外的照顧，像是帶我去吃午餐時，我就該留意到警訊。」蕾貝卡對我說。但可以理解她受寵若驚也極爲感謝，硬是揑熄內心那股不安。話雖如此，當她獲得升遷、脫離他的管轄時，她非常開心且鬆了一口氣。可是，出人意表地，他仍執意追求這段「特別」的關係，不斷寄電郵提出不妥的邀約——下班後小酌共餐。這讓蕾貝卡極為焦慮，生活一片混亂。

「但我覺得這多少是我引起的。我多少有錯，所以不能對他太差。」蕾貝卡投入治療許久以建立自我價值。她每天做「我愛你」的練習、「一日三好事」日記，加上「每一天令某人失望」（見第167、169、259頁），但她實在不敢讓這位前老闆失望。

我們深入討論「優雅的說『不』」（見第205頁），演練她能活用的腳本。經過一番不帶批判的創意腦力激盪（見第242頁），得出一堆選項，她做出眼前最容易也感覺最安全的調整：挪動辦公桌，不再落在他的視線範圍內（他常盯著她不放）。

然後有一天，她神采奕奕地來到我這裡，自信，自由，不再焦慮。「我跟他碰面了！」她告訴我：「在一堆求我見面的郵件後，我終於答應——不過，是在我做了些極限自我照顧（她很愛雪柔．李察森的相關著作）、感覺堅強之後。」「哇，」我說：「然後呢？」「哪，我把我們討論過的技巧幾乎都派上用場。我用『優雅的說不』謝謝他來見我，但我非常平靜而明確地告訴他，一個資深男主管跟新進女員工發展關係很不妥，必須終止。他不斷地說我有多麼特別，他以前從沒有過這種感覺，但我用上跳針技巧，重複同樣的句子。十分鐘後，我結束談話，起身離開。」「現在呢？」我問。「我覺得好極了！我非常開心，覺得自由，充滿力量。他怎麼想是他的事，但我知道自己做得很對。」

準備你的SOS卡

人生難以預期，掌控只是錯覺（想想天災），不幸總會降臨，且往往在最出人意外的時刻。那也是我們容易回到昔日那種無益的舉止、感受與思維的時刻。治療上這稱作「復發」，而我們可共同擬定迎面挺過的計畫。

我設計了一種簡易的緊急介入範本，建立在SOS之上——戰時的緊急摩斯電碼，意謂「拯救我們的靈魂」（Save Our Souls）。非常適合，我這麼認爲。根據我自身與許多個案的經驗，復發期的確令人感覺黑暗與絕望。

SOS卡的範本如下：

1. 說（Speak）：可通話的好友是……

2. 滾＊＊＊（**** Off!）：對批判聲音的最好回應是……

3. 安撫與鼓舞（Soothe and Strengthen）：能安撫自己的最棒活動是……

在一張你能很快取得（像夾在日記裡）的卡片或白紙上，寫下你自己的點子。你也許靈感泉湧，也許得花點時間。在第一個「S」之後，列出一、兩位你能聯繫的可靠之人（別考慮「應該」；只考慮你能安心分享你的脆弱面、不加批判也不多給意見者）。在「O」之後，寫下你最堅強自信時會對批判聲音說的話。最後，在第二個「S」之後，寫下能讓你舒緩復甦的活動，有時這稱作「健康的分心」，不過別納入會讓你感到罪惡的不健康事項。

一旦感到平靜，你就能考慮下一步，也就是突破性的解決問題。不過在啓動腦部這個區塊之前，首先你得感到安全。

莫妮卡怎麼運用SOS卡

我們在第二章看到的莫妮卡，一輩子努力對抗父母的批評。她母親深信「批評能激勵孩子」，沒得商量，儘管女兒有勇氣時曾向她指出各方研究呈現相反的結論。

地方廣播電台邀莫妮卡談談她參與的一項社區專案。她（恐怕不太明智地）把時間告訴了父母。回顧此事，她苦笑地跟我說，這應該啓動了她的「救贖轉折」情結（見第162頁），因爲她事後察覺，自己可能下意識地期待爸媽的肯定及讚賞。

廣播出來後（成果很好），她父親因某個家庭聚會來電，結束前他不經意地說：「我覺得另外那位女士霸占了訪談，你應該爭取你的發言時間。」就這樣。沒別的，沒其他任何評語。莫妮卡說她整個氣急攻心。她儘快結束對話，爲自己倒一杯酒，失聲痛哭，筋疲力竭地倒在沙發，滿心沮喪，毫無動力。

所幸，她想起了SOS卡。她從皮夾裡掏出來，開始檢視步驟。她傳訊息給最信賴的好友，約好稍後相談。這個舉動就讓她平靜不少。她檢視自我情緒，發現是另一次「救贖轉折」的希望之光又感熄滅，內在小孩覺得被拒和崩潰，只想放棄一切。「你在幹麼呢？」那個批判聲音在說：「你永遠不能成事的。」她再看看那張卡，第二點：對批判聲音的最好回應是……。「滾吧，你們這群禿鷹。我是贏家，因爲我很努力。」

看著卡片，她也想到她可以做些讓自己平靜振作的事。她泡了個香氛熱水澡，播放喜愛的音樂。等她穿上最舒服的睡衣準備早睡時，她浮現出一個突破性的念頭：第二天萬一哪個家人提起受訪這件事，她得準備好答案。她決定要這麼說：「聽著，我不過跟大家一樣是個凡人，上廣播受訪讓我覺得脆弱和緊張。你們的批評讓我很受傷，就像你們任何人會有的感受一樣。」莫妮卡不知道自己有沒有這麼說話的機會，或即便有了機會，她能否說出口；但有了這個「腳本」，她覺得豁然開朗，心情平靜。那使她自覺更像成人，力量在握。

我猜你想知道後來怎樣。好，第二天她跟家人共進午餐，沒人提起廣播訪問。她既鬆了一口氣，又感到失望。前晚走過的SOS步驟，其實都不重要了。她意識到父親的評語可能來自他自己的恐懼和不安，而她可以推己及人地把一些關愛送給他。

許多個案也都有採用SOS卡，他們把卡片印出來，擺在顯眼而私密之處。珊曼莎印出各種大小並加以護貝，浴室鏡子一張，冰箱、皮夾各一張。艾拉以文件檔存在電腦和手機裡。蘇西把影本傳給兩個密友，當她碰到低潮時會以特殊密碼聯絡，因爲她知道自己的本能因應會是退縮和自閉（就像她童年時碰到衝突場面就跑回房間）。

少一點，更好

以手臂骨折這個例子當開場白，參加我這個主題工作坊的朋友常問：「骨折之後呢？你復原了嗎？打破這個詛咒了沒？」

「嗯，打破了也還沒打破。」我這樣回答。就像人生所有事情一樣，仍在進展之中。

與多數人在一起時，我不再陷入特定的行爲模式。與我人生牽連最久的，是最難改變應對的習慣，我仍會下意識地溜回到那個「小小陽光女孩」。但面對多數人和場合，我頗能意識到眼前的選項，知道自己能選擇如何因應。就像本章主題所說的，我能選擇我要仁慈、助人、關愛、搞笑、活潑等體貼者舉措的時機，但我也能選擇做出其他表現，不怕被視爲壞蛋而遭到排斥。當然，有些人勢必會排斥我，但現在我可以承受，覺得那不過是顧好自己的小小代價。

手臂骨折後我還碰過其他的健康狀況，也都有其正面效應。它們讓我更留心身體發出的訊息，辦得到的話就盡力回應。很累時，我覺得可以取消事情好好休息。結果呢，現在我經常躺在床上！

你們可能有發現到，我很喜歡創造小小格言（愈短愈好），好幫助我（以及個案們）記住自己想怎麼過活、怎樣做選擇。如書中提到的許多人，我骨折後最重要的一句話是「少一點，更好」。我把它用在生活中的各種清理上，從丟掉用不著、不適合、不很喜歡的東西，到（就像麗茲，見第95頁）翦除社交生活。如今我儘量把時間花在我眞心覺得契合、能安心展露自我、能坦然開口求助的人身上。

這跟「臉書有五百位好友」症候群相反，那種症候群讓很多只有幾個知交的人自慚形穢。擁有一大群虛擬朋友已成爲當代的「應該」，而就像其他各種「應該」，會讓沒順應照辦的我們感到失敗。

不留遺憾的人生

上個月我參加朋友五十歲生日派對，跟一位男士聊起《或許，你該勇於讓人失望》。「喔，你該讀一下某位安寧看護寫的這本書，」他說：「那在談臨終者最遺憾的事，有些跟你談的很像。我想，就是他們很後悔沒忠於自己之類的。」

我盡責地買了布朗妮．維爾（Bronnie Ware）寫的《和自己說好，生命裡只留下不後悔的選擇：一位安寧看護與臨終者的遺憾清單》（*The Top Five Regrets of the Dying*）。沒錯，就她的經驗，遺憾第一名是：但願我有勇氣過我想要的人生，而非遵從他人意願。遺憾第三名是：但願我有勇氣表達感受，而非爲了息事寧人壓抑自己。（如果你想知道，遺憾第二名是：但願我少花點時間工作，與心愛的人多多相處。）

就像重症者的任何金句，這些話能促使我們立即以不同以往、但願較好的方式過活。如果人生目標之一是沒有遺憾，那麼，聽到人們最感遺憾之事應該頗有幫助。不是「但願我有參加那位臨時祕書的歡送酒會」，或甚至「但願我有環遊世界/從大峽谷高空彈跳」；而似乎是敢於做自己，讓他人知道我們眞正的想法（在合理範圍內）——尤其是我們所愛的人。

重畫你的圖像

記得我在第三章中介紹的練習嗎？邀請你在那從體貼者的腦袋射出的光芒上，寫下你想被世界看到的特質。在下方的三角袍內，則是你不想讓世界瞧見的部分。

現在我們要用新的圖像，概括你打破體貼者詛咒的旅程。這是你將有的面貌。這不是一蹴可幾之事，就像所有最值得的旅程，它需要時間，會不時受到干擾，並充滿意想不到的困難、改道和迂迴。但漸漸地，你將不再覺得受到詛咒，反而感謝你擁有體貼者的技巧與特質——不僅是對別人，更是對自己。

你會在第330頁看到我重新畫的自己。在那些放射的線條中，我有：直率、坦承、有趣、精力充沛、慈悲、界線明確（但都在我願意的情況下；沒有表現特定行爲的壓力）；中間（不再是暗潮洶湧，而是謹慎收起）我有：恐懼與脆弱——會謹慎地只跟「安全」人士分享。

在理想世界中，也許沒什麼好難堪或需壓抑的，我們都是絕對眞誠的完人。但我們生活在眼前這個世界，這個新的圖像是我想企及的實際自我：眞我和唐諾．溫尼考特「健全的假我」（見第304頁）的組合。當我有所進展（像是對難搞的對象說「不」），我會稱讚自己，甚至給自己一個小禮物作爲獎勵。

你也能做出改變；我知道你可以。勇敢實驗、打破舊習，我毫不懷疑人們具備這種驚人的能力。一旦起步，你將被接連的成就鼓舞前進。你會看見每次你能邁出安全慈悲的一步，體認到自身具備的可貴品質、怪僻與強項。你也能打破體貼者詛咒，成爲你生而應是的樣貌。

認真
有趣
慈悲
坦誠
直率
精力充沛
界線明確
恐懼
與
脆弱
(只能展現於
安全人士面前)

致謝

我要感謝以下這些人：

我才華洋溢的母親，帶領我走入創意並努力耕耘；我熱烈生活的父親，可能是我生命中第一位受體貼詛咒之人。

東倫敦大學的瑞秋・屈萊帛（Rachel Tribe）教授，我兩位了不起的督導：琳・佐登（Lynne Jordan）博士與葛瑞絲・麥克萊格（Grace McClurg）博士，她們都相信我能勝任諮商心理師工作，也相信我的爲人。華吉利斯・迪米屈瑞爾（Vagelis Dimitrious）及柯芬園尼爾氏庭園治療室（Neal's Yard Therapy Rooms）所有貼心的員工和治療師，悉心整理我複雜的日誌，支持我的事業；同輩督導小組的安娜・史登伯（Anna Sternberg）、洛塔・克勤（Lotta Kitchen）、亞力斯・席格（Alex Segal），以及華爾・桑普森（Val Sampson）、梅蘭妮・舒意登（Melanie Chweyden）、蘿拉・龐德（Laura Bond）、琵亞・辛哈（Pia Sinha），予以我無比可貴的肯定鼓勵、靈感與回饋。

謝謝克勞迪婭・史達安弗（Claudia Stumpfl）、蕾秋・哈里森（Rachel Harrison）、朱爾斯・威廉森（Jules Williamson）、賈克絲・帕摩（Jacs Palmer）、奧莉安娜・菲爾汀（Orianna Fielding）、蓮恩・達西（Leanne Darcy）、娜塔麗・薩隆（Nathalie Salaun）、凱特・伊迪（Kate Eadie）、希拉蕊・路意斯（Hilary Lewis）、麗莎・歐凱莉（Lisa O'Kelly）、艾芙琳・蓋弗昇（Evelyn Gavshon）、茱莉・克里曼（Julie Kleeman）、蘇・沙肯（Sue Charkin）、蘿拉・索羅門（Laura Solomans）、撒妮亞・史考特（Sonia Scott）、凱洛琳・李茲（Caroline Lees）、

海倫・弗萊徹（Helen Fletcher）一貫的情誼、支持和鼓勵。

優秀的經紀，艾頓騎士管理公司（Knight Ayton Management）的海倫・坡維茲（Helen Purvis）和全體人員；代理協商合約的焦點公司（Limelight）的瑪麗・貝凱特（Mary Bekhait）。賈娜・薩莫雷（Jana Sommerlad）帶我認識好的業力。皮亞克斯（Piatkus）出版社編輯安・勞倫斯（Anne Lawrance）和姬莉安・史都華（Jillian Stewart），其冷靜直接、深思熟慮的溝通模式，爲「成爲有所選擇的體貼之人」這一章立下典範。編審安・紐曼（Anne Newman），感謝她的耐心和毅力。

德雷斯咖啡館（Delice cafe）及瑞士小屋圖書館（Swiss Cottage Library）所有貼心的女士們，以烤馬鈴薯、自製蛋糕和溫暖的微笑，伴我度過漫長冬季。坦然做自己的體貼之人們：史蒂夫（Steve）、麥格絲（Mags）、路易斯

（Lewis）、亞力斯（Alex）、瑞秋（Rachel）、海倫（Helen）、東尼（Tony）、魯易斯（Louis）、菲力（Felix）……

最後，我要感謝我兩個好棒的兒子，十足的幽默感，隨時伸手相助：把我救出科技困境的傑斯（Jess）（「媽，別哭，我找到檔案了」），以及慷慨熱情投入書中概念的湯姆（Tom）。最後的最後，我的先生史都華（Stewart），謝謝你幫我分擔家務，提供編輯眼光，並給我毫無條件的愛。

國家圖書館出版品預行編目（CIP）資料

或許，你該勇於讓人失望：學習課題分離，卸下歉疚感，做個體貼但有原則的人 / 賈姬．瑪森（Jacqui Marson）著；劉凡恩譯．-- 初版．-- 新北市：橡實文化出版：大雁出版基地發行，2024.02
面；　公分
譯自：The curse of lovely : how to break free from the demands of others and learn how to say no
ISBN 978-626-7313-85-5（平裝）

1.CST: 自我肯定　2.CST: 自我實現

177.2　　112021502

BC1127

或許，你該勇於讓人失望：學習課題分離，卸下歉疚感，做個體貼但有原則的人

The Curse of Lovely:
How to break free from the demands of others and learn how to say no

作　　者　賈姬．瑪森（Jacqui Marson）
譯　　者　劉凡恩
責任編輯　田哲榮
協力編輯　劉芸蓁
封面設計　斐類設計
內頁構成　歐陽碧智
校　　對　蔡昊恩

發 行 人　蘇拾平
總 編 輯　于芝峰
副總編輯　田哲榮
業務發行　王綬晨、邱紹溢、劉文雅
行銷企劃　陳詩婷
出　　版　橡實文化 ACORN Publishing
地址：231030 新北市新店區北新路三段 207-3 號 5 樓
電話：02-8913-1005　傳真：02-8913-1056
網址：www.acornbooks.com.tw
E-mail 信箱：acorn@andbooks.com.tw
發　　行　大雁出版基地
地址：231030 新北市新店區北新路三段 207-3 號 5 樓
電話：02-8913-1005　傳真：02-8913-1056
讀者服務信箱：andbooks@andbooks.com.tw
劃撥帳號：19983379　戶名：大雁文化事業股份有限公司

印　　刷　中原造像股份有限公司
初版一刷　2024 年 2 月
定　　價　480 元
I S B N　978-626-7313-85-5